CRISE PSEUDOEPILÉPTICA
Corpo, histeria e dor psíquica

COLEÇÃO "CLÍNICA PSICANALÍTICA"
Títulos publicados

1. Perversão — Flávio Carvalho Ferraz
2. Psicossomática — Rubens Marcelo Volich
3. Emergências Psiquiátricas — Alexandra Sterian
4. Borderline — Mauro Hegenberg
5. Depressão — Daniel Delouya
6. Paranoia — Renata Udler Cromberg
7. Psicopatia — Sidney Kiyoshi Shine
8. Problemáticas da Identidade Sexual — José Carlos Garcia
9. Anomia — Marilucia Melo Meireles
10. Distúrbios do Sono — Nayra Cesaro Penha Ganhito
11. Neurose Traumática — Myriam Uchitel
12. Autismo — Ana Elizabeth Cavalcanti / Paulina Schmidtbauer Rocha
13. Esquizofrenia — Alexandra Sterian
14. Morte — Maria Elisa Pessoa Labaki
15. Cena Incestuosa — Renata Udler Cromberg
16. Fobia — Aline Camargo Gurfinkel
17. Estresse — Maria Auxiliadora de A. C. Arantes / Maria José Femenias Vieira
18. Normopatia — Flávio Carvalho Ferraz
19. Hipocondria — Rubens Marcelo Volich
20. Epistemopatia — Daniel Delouya
21. Tatuagem e Marcas Corporais — Ana Costa
22. Corpo — Maria Helena Fernandes
23. Adoção — Gina Khafif Levinzon
24. Transtornos da Excreção — Marcia Porto Ferreira
25. Psicoterapia Breve — Mauro Hegenberg
26. Infertilidade e Reprodução Assistida — Marina Ribeiro
27. Histeria — Silvia Leonor Alonso / Mario Pablo Kuks
28. Ressentimento — Maria Rita Kehl
29. Demências — Delia Catullo Goldfarb
30. Violência — Maria Laurinda Ribeiro de Souza
31. Clínica da Exclusão — Maria Cristina Poli
32. Disfunções Sexuais — Cassandra Pereira França
33. Tempo e Ato na Perversão — Flávio Carvalho Ferraz
34. Transtornos Alimentares — Maria Helena Fernandes

35. Psicoterapia de Casal	Purificacion Barcia Gomes e Ieda Porchat
36. Consultas Terapêuticas	Maria Ivone Accioly Lins
37. Neurose Obssesiva	Rubia Delorenzo
38. Adolescência	Tiago Corbisier Matheus
39. Complexo de Édipo	Nora B. Susmanscky de Miguelez
40. Trama do Olhar	Edilene Freire de Queiroz
41. Desafios para a Técnica Psicanalítica	José Carlos Garcia
42. Linguagens e Pensamento	Nelson da Silva Junior
43. Término de Análise	Yeda Alcide Saigh
44. Problemas de Linguagem	Maria Laura Wey Märtz
45. Desamparo	Lucianne Sant'Anna de Menezes
46. Transexualismo	Paulo Roberto Ceccarelli
47. Narcisismo e Vínculos	Lucía Barbero Fuks
48. Psicanálise da Família	Belinda Mandelbaum
49. Clínica do Trabalho	Soraya Rodrigues Martins
50. Transtornos de Pânico	Luciana Oliveira dos Santos
51. Escritos Metapsicológicos e Clínicos	Ana Maria Sigal
52. Famílias Monoparentais	Lisette Weissmann
53. Neurose e Não Neurose	Marion Minerbo
54. Amor e Fidelidade	Gisela Haddad
55. Acontecimento e Linguagem	Alcimar Alves de Souza Lima
56. Imitação	Paulo de Carvalho Ribeiro
57. O Tempo, a Escuta, o Feminino	Silvia Leonor Alonso
58. Crise Pseudoepiléptica	Berta Hoffmann Azevedo
59. Violência e Masculinidade	Susana Muszkat
60. Entrevistas Preliminares em Psicanálise	Fernando José Barbosa Rocha

Coleção Clínica Psicanalítica
Dirigida por Flávio Carvalho Ferraz

CRISE PSEUDOEPILÉPTICA
Corpo, histeria e dor psíquica

Berta Hoffmann Azevedo

Casa do Psicólogo®

© 2011 Casapsi Livraria e Editora Ltda.
É proibida a reprodução total ou parcial desta publicação, para qualquer finalidade,
sem autorização por escrito dos editores.

1ª Edição
2011

Editores
Ingo Bernd Güntert e Juliana de Villemor A. Güntert

Assistentes Editoriais
Aparecida Ferraz da Silva e Luciana Vaz Carneiro

Editoração Eletrônica e Produção Gráfica
Fabio Alves Melo

Preparação
Gabriel Madeira Fernandes e Rhamyra Toledo

Revisão Final
Rhamyra Toledo

Projeto Gráfico da Capa
Yvoty Macambira

**Dados Internacionais de Catalogação na Publicação (CIP)
(Câmara Brasileira do Livro, SP, Brasil)**

Azevedo, Berta Hoffmann
 Crise pseudoepilética : corpo, histeria e dor psíquica / Berta
Hoffmann Azevedo. -- São Paulo : Casa do Psicólogo®, 2011. --
(Coleção clínica psicanalítica)

 Bibliografia.
 ISBN 978-85-8040-018-2

 1. Histeria 2. Psicanálise 3. Pseudoepilepsia I. Título. II. Série.

10-12775   CDD-150.195

Índices para catálogo sistemático:
1. Histeria : Psicanálise : Psicologia 150.195
2. Pseudoepilepsia : Psicanálise : Psicologia 150.195

Impresso no Brasil
Printed in Brazil

*As opiniões expressas neste livro, bem como seu conteúdo, são de responsabilidade de seus autores,
não necessariamente correspondendo ao ponto de vista da editora.*

Reservados todos os direitos de publicação em língua portuguesa à

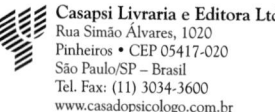

Casapsi Livraria e Editora Ltda.
Rua Simão Álvares, 1020
Pinheiros • CEP 05417-020
São Paulo/SP – Brasil
Tel. Fax: (11) 3034-3600
www.casadopsicologo.com.br

Para meus pais e minha família,
que me ensinaram o que é ser amada.
Para meu marido, que, com seu amor, confirma,
a cada dia, a felicidade de uma vida a dois.

Agradecimentos

A Renato Mezan, pela generosidade com que sempre me acolheu e pela aposta em relação ao meu trabalho.

A Mônica Macedo, pelo apoio e troca constante de ideias, além de sua presença afetiva em minha vida.

A Mario Eduardo Costa Pereira, pela leitura cuidadosa do material e sugestões que contribuíram enormemente para o enriquecimento do trabalho.

Aos meus queridos colegas da PUC-SP, com quem compartilhei dúvidas e descobertas na difícil tarefa de fazer pesquisa: Daniele Rosa Sanches, Lisette Weissmann, Rachele Ferrari, Claudia Suannes e Dirceu Scali Junior. Além de outros amigos feitos na PUC-SP, pelo companheirismo e ricas trocas afetivas durante as quartas-feiras de estudo.

A Maria Tereza Montserrat, Cecília Orsini e Mania Deweik, que me ajudaram a ampliar minha escuta clínica.

À equipe da Divisão de Psicologia do Hospital das Clínicas de São Paulo, em especial a Mara Cristina de Lúcia e Alessandra Santiago, pelo reconhecimento dado ao meu trabalho clínico e o apoio oferecido à minha pesquisa.

Aos pacientes que fizeram parte desse trabalho e me deram o privilégio de acompanhá-los nessa corajosa trajetória de investigação psíquica.

A Luís Carlos Menezes, por me acompanhar em minha pesquisa mais instigante.

Ao CNPq e à CAPES, pelas bolsas concedidas, que facilitaram a realização da pesquisa que inspirou este livro.

Prefácio

"*Les théories, c'est bon, mais ça n'empêche pas d'exister*": essa paráfrase da resposta de Charcot à objeção de um estudante – sua explicação de determinado caso discrepava da teoria de Young-Helmholtz[1] – resume o argumento desenvolvido por Berta Hoffmann Azevedo no decorrer deste livro. O que persiste, em sua maneira de ver, é a organização psicopatológica denominada "histeria"; as teorias que insistem em negar tal fato pertencem uma à Psiquiatria, outra à Psicanálise.

Como outros trabalhos que tive oportunidade de orientar no Programa de Estudos Pós-Graduados em Psicologia Clínica da Pontifícia Universidade Católica de São Paulo (PUC-SP), este surgiu de observações realizadas num meio institucional: no caso, o Departamento de Psicologia do Hospital das Clínicas da Universidade de São Paulo (USP). A ele chegam com frequência pacientes diagnosticados como pseudoepilépticos: apresentam crises convulsivas e outros sintomas típicos da epilepsia, mas em seu cérebro um sofisticado exame de imagem (o vídeo-eletroencefalograma) não detecta nada que os possa

---

[1] As teorias são úteis, mas não impedem algo de existir. Cf. Sigmund Freud, "Charcot" (1893): Biblioteca Nueva (trad. Ballesteros), vol. I, p. 31.

justificar. Parecem epilépticos – de onde a designação –, mas não o são.

O que são, então? É dessa pergunta que parte a investigação da autora. Ela não se satisfaz com a definição pelo negativo envolvida no termo "pseudoepilepsia": com efeito, *pseudos* significa "falso" – e, além de não explicar nada, tal etiqueta carrega consigo uma conotação pejorativa, que acrescenta ao sofrimento dessas pessoas a perplexidade de não saber ao certo o que as acomete.

Se a origem das crises não é orgânica, e se afastarmos a hipótese da possessão por espíritos (benignos ou malignos, tanto faz), resta a causalidade psíquica. Isso soa familiar ao leitor? Pois é: estamos de volta à época de Charcot, quando as histéricas eram um dos grandes mistérios da Medicina. Naquele tempo, muitos médicos opinavam que eram apenas hábeis simuladoras – e a palavra *pseudo*, se não diz isso claramente (o que seria inaceitável em nossa era politicamente correta), não está longe do peso infamante da antiga avaliação. Hoje, há quem considere deverem os sintomas, em que pese sua semelhança com os da histeria clássica, ser atribuídos a síndromes "pós-modernas", como a do pânico, ou a outras estruturas psicopatológicas, por exemplo a *borderline*.

E há os que, como Berta, decidem escutar o que tais pacientes têm a dizer. Repetidamente, o que surge nos seus atendimentos são aspectos ligados à sexualidade infantil, a questões identificatórias, a saídas complicadas do Complexo de Édipo, que paralisam a pessoa nas redes da ambivalência frente a seus objetos internos. A atenção da psicanalista é atraída por esse padrão recorrente, que algumas décadas atrás seria diagnosticado sem hesitação como sendo de natureza histérica.

Mas, pergunta-se ela – a histeria, essa "doença vitoriana", ligada a modalidades maciças de repressão sexual que nossos tempos teriam felizmente deixado para trás, a estruturas psíquicas dependentes de uma autoridade patriarcal desaparecida com as polainas e os espartilhos – a histeria ainda existe? A leitura da bibliografia pertinente a deixa ainda mais perplexa: desde 2002, o DSM[2] a baniu de suas páginas, e – mais surpreendente – toda uma corrente da Psicanálise, ao privilegiar as vivências primitivas no contexto da relação mãe-bebê, deixa de lado os complexos de Édipo e de castração, obrigando-nos, segundo um sarcástico André Green, a nos perguntar se "a sexualidade (ainda) tem algo a ver com a Psicanálise"[3].

Que a Psiquiatria atual, interessada em diferenciar síndromes e utilizando como critério diagnóstico a proporção e a frequência com que o indivíduo apresenta os sintomas que as compõem, abandone a pesquisa das causas psíquicas – vá lá, e não é da alçada dos psicanalistas. Mas que estes, seduzidos pelo canto da sereia pós-moderna, afirmem que "já não há histéricas como as de antigamente", porque desapareceram as condições sociais da sua existência, porque a fragilidade dos egos contemporâneos exigiria pensar em termos de dissociação

---

[2] Manual diagnóstico padrão em psiquiatria.

[3] André Green, "Has sexuality anything to do with Psychoanalysis?", *International Journal of Psycho-Analysis*, (1995), vol. 76, pp. 871-883.

e não mais de recalque, porque as formas mais dramáticas das manifestações histéricas são raras ou inexistentes nos consultórios – eis o que espanta nossa autora, confrontada como está com aquilo que supostamente não deveria mais existir.

Apoiada em autores como Jean Laplanche, Christopher Bollas, Silvia Alonso, Mario Fuks e outros, para os quais a histeria continua a ser tanto uma condição psicopatológica plenamente real quanto uma categoria teórica de grande interesse, Berta levanta a hipótese de que vários dos seus "pseudoepilépticos" sejam na verdade casos de histeria. Prudentemente, não afirma que *a* pseudoepilepsia *é* a histeria: fiel ao método psicanalítico, busca atingir a singularidade de cada paciente, deixando que na fala associativa surjam elementos capazes de, na medida da possível, dar conta dos sintomas de cada um. O material clínico sugere o diagnóstico que adota – e, para além do trabalho terapêutico propriamente dito, a conduz a investigar os motivos de a histeria ter se convertido na "Gata Borralheira" da própria Psicanálise.

A etapa inicial do percurso é uma visita aos clássicos: em primeiro lugar, historiadores da histeria, como Eugène Trillat e Lucien Israël, e em seguida os textos de Freud, aos quais dedica todo um capítulo. Essa minuciosa reconstituição das questões que ele se coloca, das respostas que vai lhes dando, da laboriosa montagem dos conceitos e das hipóteses, revela-se utilíssima não só para os interessados no tema da histeria, mas ainda como introdução ao essencial da Psicanálise.

Ela é complementada pelo que a meu ver constitui o achado mais original de Berta: a utilização da categoria da *Unheimliche* para compreender os fenômenos com que se depara. O "estranhamente familiar", ao qual Freud dedicou um estudo em 1919, é simplesmente o recalcado que retorna – estranho porque foi recalcado, familiar porque foi o sujeito que o recalcou. A afirmação de que "algo dá em mim, e então eu convulsiono" é assim interpretada como "o *Unheimliche* no corpo", ou seja, a presença de conteúdos inconscientes, porém emocionalmente ativos, determina sob certas condições os sintomas conversivos.

Intervindo de quebra em outro debate psicanalítico – o da utilidade do diagnóstico em nossa área – Berta toma posição contra o que eu chamaria de "nominalismo epistemológico". Como os nominalistas medievais, para os quais só é real o fato singular, e os conceitos não passam de nomes de utilidade duvidosa (por isso a designação "nominalista"), alguns analistas sustentam que o que nos interessa é a singularidade do sujeito, pouco importando classificá-lo nesta ou naquela categoria nosográfica. Tal movimento seria, dizem, um resquício das origens médicas da Psicanálise, e uma manifestação sutil, mas não por isso menos perniciosa, da resistência contra ela.

O problema com essa opinião é que ela descura a natureza mesma do objeto de qualquer ciência humana, aí incluída a nossa. O que o caracteriza é a imbricação indissolúvel do singular e do genérico, de tal modo que cada ente e cada fenômeno nesses campos é a um tempo único *e* exemplo das diversas categorias das quais faz parte. O Prelúdio da *Gota d'Água* é *esta* peça específica, mas também um prelúdio, uma composição tonal, uma página para piano, uma criação no espírito do Romantismo – e por isso pode ser analisado em comparação com os prelúdios de Bach ou de Rachmaninoff, enquanto parte da obra chopiniana, como momento na evolução do repertório pianístico, ou como via de acesso à sensibilidade romântica.

Da mesma forma, os casos relatados por Berta são as histórias *dessas* pessoas, do modo como enfrentaram as questões colocadas por suas biografias e das soluções individuais que encontraram para elas: se Flora se toma por uma *femme fatale*, Denis tem pressa em constituir uma família que possa de algum modo reparar as falhas da que teve na infância, e Marco precisa se demonstrar "prestativo" para garantir o amor dos seus pais. Nesse plano, são diferentes, e devem ser escutados em sua singularidade. Mas isso não impede que nos quatro "o corpo sirva como palco para a manifestação do que não pode ser dito em palavras", que os quatro tenham vivenciado relações atribuladas com o desejo dos pais, que nos quatro uma sexualidade infantil mal resolvida possa estar na raiz das convulsões que os levaram ao hospital.

Tendo estabelecido por meio da escuta clínica e do pensamento teórico que esses casos podem ser legitimamente considerados como de histeria, Berta se volta para os argumentos segundo os quais ela não existe mais. Cética quanto aos efeitos supostamente liberadores das mudanças sociais e culturais das últimas décadas no que tange às dificuldades da vida sexual, mostra que estas são hoje tão frequentes e angustiantes quanto em outras épocas, em parte porque se originam na sexualidade infantil, e em parte porque os próprios ideais libertários acabam impondo exigências superegoicas tão ou mais severas que as do tempo dos nossos avós.

Além disso, nada impede que a histeria se "apresente" (para usar um termo de Silvia Alonso) de modos diversos, segundo o meio cultural e os códigos simbólicos nele vigentes. Se Hegel tem razão ao dizer que "o relógio da História não marca a mesma hora em todos os quadrantes", nada há de espantoso no fato de que uma moça vivendo num ambiente semelhante ao da era vitoriana (por exemplo, rigidamente religioso) siga o roteiro do "grande ataque", com as contorções e convulsões espetaculosas que o caracterizam, enquanto em círculos aparentemente mais tolerantes a expressão do inconsciente pode assumir formas mais discretas – na medida em que se possa considerar "discreta" a exuberância sensual que tantas vezes oculta o seu exato oposto, a saber a incapacidade de sentir prazer no exercício da sexualidade.

Em outro momento, defendendo a especificidade e a utilidade clínica do método psicanalítico, a autora afirma que "não podemos nos deixar fascinar pelo sintoma"; opondo-se aos que deixam de lado a triangulação edipiana, lembra o quão essencial esta é na constituição subjetiva e no caminho que conduz da dependência infantil à relativa autonomia que caracteriza um adulto saudável. Na vertente contrária, evita o risco de se deixar embalar por seu próprio argumento, postulando que nada numa manifestação corporal indica *a priori* se ela é histérica ou de outro tipo: somente a escuta interpretativa e a reflexão metapsicológica podem conduzir à formulação de uma hipótese plausível.

Escrito com clareza, fundamentado num amplo repertório de leituras e na melhor prática clínica, o livro de Berta realiza plenamente o que, na página final, ela declara ter sido seu objetivo: reabrir o dossiê da histeria, despertar o interesse e a curiosidade em relação a ela, contribuir para que sejam menos frequentes os "maus encontros" entre os portadores de personalidade ou sintomatologia histéricas e os que deles são chamados a tratar, quer sejam médicos, psicólogos ou analistas.

Ao concluir a leitura, somos levados a pensar que, além da *boutade* mencionada atrás, talvez outra frase ouvida por Freud na Salpêtrière possa ter incentivado nossa jovem colega a colocar a mão nos vespeiros que foi encontrando em seu caminho: *pour faire une omelette, il faut casser des oeufs*[4].

Que bela estreia!

Renato Mezan

---

[4] Para fazer uma omelete é preciso quebrar ovos.

SUMÁRIO

PREFÁCIO,
POR RENATO MEZAN 11

INTRODUÇÃO 21
    (Re)Introdução: a histeria ainda vigente 21

1 - PSEUDOEPILEPSIA: ALGUMAS CONSIDERAÇÕES SOBRE OS IMPASSES
    DIAGNÓSTICOS 37
    Algumas noções de epilepsia 39
    As crises pseudoepilépticas 42
    Pseudoepilepsia e histeria: algumas articulações 45
    A crise pseudoepiléptica e a inclusão da sexualidade:
    o caso Marco 53
    Algumas articulações 63
    A queda na repetição dos triângulos: o caso Denis 65
    Casos singulares, uma hipótese em comum 84

2 - REVISITANDO A HISTERIA 87
    O contexto histórico 87
    Freud e a histeria 98

3 - Das unheimliche no corpo 125
    Das Unheimliche 126
    O *Unheimliche* na pseudoepilepsia 131
    Estranhamente demoníaco ainda hoje 135
    Entre Deus e o Diabo: um embate identificatório –
    o caso Flora 136
    O *Unheimliche* na clínica 146

4 - A gata borralheira do século XXI 149
    A sexualidade e a histeria 151
    A atração de novos diagnósticos 158
    Pseudoepilepsia e histeroepilepsia 165
    Recortes de uma escuta: o caso Clara 167
    Quem sabe um reencontro... 175

5 - (In)conclusões 177

Referências bibliográficas 187

Introdução

(Re)Introdução: a histeria ainda vigente

Desde os seus primórdios, a Psicanálise aposta na *cura pela fala* por meio de um revisitar da história do sujeito para que seja possível um reposicionamento dele frente a seu sofrimento. Não há por que supor, pois, que a importância das origens e da historicização não seja aplicável à própria Psicanálise: também em relação a ela uma retomada da história de sua constituição pode render bons frutos.

Há mais de cem anos, Sigmund Freud introduziu uma nova maneira de entender o ser humano e as patologias psíquicas. Ele estava ocupado com o que seus mestres, Josef Breuer e Jean-Martin Charcot, ensinavam-lhe a partir de suas experiências junto a pacientes cujos padecimentos se apresentavam no corpo: dores, contraturas, paralisias e convulsões sem explicação orgânica. Freud entendeu que traziam em si um conflito psíquico. Esses pacientes, tomados como histéricos, sofriam com os preconceitos da categoria médica acerca da veracidade de seu sofrimento; contaram, porém, com a ajuda de Charcot, que dedicou suas pesquisas a comprovar a "dignidade patológica" da histeria. Para isso, Charcot apresentou a *histeroepilepsia* (posteriormente chamada *pseudoepilepsia*) como quadro característico da "Grande Histeria". Tratavam-se de manifestações análogas à epilepsia, mas que não se baseavam em alterações elétricas cerebrais. Um ataque mais ou menos típico, segundo Charcot (1888/2003), era aquele com uma fase epileptoide composta por movimentos tônico-clônicos seguida por fases de grandes movimentos e de atitudes passionais.

Um de seus alunos mais notáveis, o então jovem Sigmund Freud, ficara impactado com tais demonstrações e se dedicou a compreender o que levaria tais pacientes a usarem do corpo como terreno para manifestação de dores psíquicas. Com a inusitada proposta de escutar suas pacientes histéricas, Freud desenvolveu uma ciência que se mantém viva até os dias de hoje: a Psicanálise.

Desde os tempos de Freud, a clínica psicanalítica foi-se constituindo, a um só tempo, como espaço terapêutico e fonte de investigações, lançando mão de dispositivos que colocam em marcha tanto aspectos do paciente quanto do próprio analista. Assim, esse ímpeto privilegiado de investigação pode levar o analista à produção teórica.

É em uma interrogação baseada na escuta que se apoia este livro, construído a partir de observações e ideias que acompanham um movimento que vai da clínica à teoria, passando por discursos atuais a respeito dessas duas.

A *escuta psicanalítica* é um modo especial de compreensão dos fenômenos que se passam no contexto do atendimento. Nela, procura-se deslocar a "[...] fala até um outro lugar, muito além da intenção consciente de comunicar algo [...]" (Macedo; Falcão, 2005, p. 51). Essa escuta está fundamentada no entendimento de que o inconsciente se expressa "por intermédio de complexas formações: sonhos, sintomas, lapsos, chistes, atos falhos; fenômenos que apontam para esse 'desconhecido' que habita o sujeito" (Macedo; Falcão, 2005, p. 51). Portanto, quando um psicanalista escuta, ele entende que o que está sendo dito ou expresso fala mais do que o próprio sujeito se propõe a dizer.

Foi devido a um trabalho de quatro anos junto à Divisão de Psicologia do Hospital das Clínicas de São Paulo que o projeto deste livro começou a ser concebido. Eu estava inserida em um grupo de pesquisa (De Lucia *et al.*, 2003) que visava a uma intervenção psicanalítica com pacientes encaminhados pela Neurologia com o diagnóstico de crises pseudoepilépticas. Tratava-se de um grupo de pesquisa cujo diferencial me encantou desde o início. Essa equipe desenvolveu um projeto dentro do hospital destinado a proporcionar escuta psicanalítica a esses pacientes com crises epileptiformes, mas que não se encaixavam nos perfis de pacientes epilépticos em relação a alterações neurológicas.

Encontrei diante de mim uma manifestação clínica bastante expressiva, cuja existência eu não supunha ainda atual. Mais de um século após as demonstrações de Charcot e as posteriores pesquisas freudianas, tornou-se frequente a ideia de que manifestações psíquicas encenadas no corpo de maneira tão espetacular como na histeroepilepsia, comum no século XIX, não seriam mais verificadas nos dias de hoje. Este projeto mostrou o contrário. Chegavam para atendimento pacientes com dores "itinerantes", que mudavam de lugar conforme o dia e que lhes restringiam as atividades diárias; pessoas sofrendo de crises convulsivas com movimentos em arco de círculo e contraturas inexplicáveis organicamente. O que eles tinham em comum é que buscavam o hospital para tratar de crises convulsivas frequentes, que não respondiam aos anos de tratamento medicamentoso, e que somente naquele momento eram surpreendidos pela notícia de que seus casos não configuravam crises epilépticas, mas algo que, possivelmente, estaria no campo psíquico.

Durante os atendimentos, não houve como não ser tocada por essa experiência tão rica e me entregar a novas interrogações, que iam além da eficácia técnica da Psicanálise com esses pacientes, eixo principal da pesquisa que estava em andamento. Interessava-me, mais do que isso, compreender que espécie de dor estaria implicada no que vai para o corpo como crise pseudoepiléptica, que tipo de organização psíquica produziria tais manifestações psicopatológicas.

Esse foi o ponto de partida da minha dissertação de mestrado, o ponto a partir do qual passei a revisitar tanto os casos atendidos como a teoria disponível para me auxiliar nessa busca. No encontro com os aspectos instigantes do que hoje se costuma chamar de pseudoepilepsia, encontrei motivação para investigar onde estaria a "verdade" desse padecer que é nomeado como "pseudo".

Impactou-me receber para atendimento pacientes marcados pelo estigma do falso. Acompanhando suas histórias, pude problematizar a dor vinculada a essa circunstância e o possível sentido dessa denominação, em cada caso, como abertura para a aproximação de uma verdade.

O termo "verdade", neste caso, está sendo colocado em contraposição ao falso proposto pela expressão "pseudo". Não se trata de buscar descobrir uma resposta única que tampone as dúvidas. Refiro-me à verdade psíquica, verdade esta que não comporta ser chamada de pseudo, pois é sempre uma verdade do sujeito, singular, a verdade daquele que fala.

A possibilidade de verdade está justamente na escuta. Nos atendimentos, tal diagnóstico neurológico precisa ser problematizado pelo filtro da escuta analítica, na busca pelo movimento psíquico em jogo em cada caso.

É curioso acompanhar a história da formulação da nomenclatura atribuída ao diagnóstico desses pacientes. Ela traz consigo a marca de um engano, deixando em aberto o que ela de fato é para além do que deixou de ser.

Aqueles que são tratados erroneamente durante anos como pacientes epilépticos, ao serem avaliados como não tendo alterações elétricas correspondentes, recebem uma reparação em seu diagnóstico, representada pela palavra *não* ou *pseudo* antes da anterior nomeação. Passam a ser chamados de *não epilépticos* ou *pseudoepilépticos*, nomes que falam daquilo que o paciente parece ter, mas não tem. Isso pode ser significativo para pensarmos, mais adiante, sobre o que o sintoma traz e tentarmos contribuir para que algo seja positivado em relação a esse padecer.

Nesse contexto cabe a reintrodução de uma pergunta antiga que ocupava Freud (1888/2003) em seus primeiros artigos psicanalíticos: o que é possível escutar, no território-limite entre a Neurologia e a Psiquiatria, no que diz respeito às crises convulsivas? Foi criando um espaço de escuta a esses pacientes, que, por apresentarem no corpo dores de origem psíquica, diferiam daqueles cujos sintomas a Neurologia se ocupava em tratar, que Freud desenvolveu grande parte de sua obra.

Meu interesse de pesquisa centrou-se também nesse território: na escuta dos pacientes e na semelhança inequívoca entre a pseudoepilepsia, hoje tão comentada entre os neurologistas, e a antiga histeroepilepsia, há muito trazida ao conhecimento público pelas mãos de Charcot (1888/2003).

Ao escutar a trama singular de cada paciente, aspectos como a repetição de temáticas triangulares, a dificuldade de sustentar seu próprio desejo e a relação do sintoma com conteúdos infantis recalcados levaram-me a considerar a categoria de histeria, que se mostrou pertinente para iluminar alguns pontos, os quais me nortearam na condução do tratamento. Com isso, uma segunda linha de investigação ganhou espaço. Deparei-me com a questão da atualidade da categoria de histeria, muitas vezes deixada de lado em certos espaços psicanalíticos.

Localizei, no discurso desses pacientes, algo muito familiar à história da Psicanálise e que, muitas vezes, havia sido dado como morto. Fenomenologicamente, a condição comum a eles é a frequente manifestação convulsiva não explicável por qualquer evidência orgânica. Na singularidade dessas dores foi possível reconhecer casos da dita histeria clássica, com suas manifestações mais "floridas" e espetaculares.

Paralelamente, tornou-se, então, necessário adentrar nas temáticas relacionadas à histeria como um segundo foco. Trata-se de acompanhar o que foi desenvolvido teoricamente e problematizar a vigência clínica da histeria nos dias de hoje.

"A histeria é a causa da Psicanálise", disse Pantolini, em mesa-redonda relatada no livro de Hugo Mayer (1989, p. 99). A ideia expressa nessa afirmação já nos remete ao fascínio e interesse que a histeria exerceu sobre Freud e que segue exercendo sobre alguns psicanalistas atuais. O enigma que continua a desafiar o saber médico e psicanalítico me parece representar motivo suficiente para que a histeria se coloque ainda hoje como instigante.

Nem sempre é isso, entretanto, que tenho observado – mesmo no contexto psicanalítico. A impressão que tenho é a de que, algumas vezes, na linguagem falada pelos corredores, a histeria vem sendo considerada, aos poucos, uma neurose do "homem freudiano", perdendo espaço na clínica, nas discussões e nos escritos psicanalíticos da atualidade. Existem certamente aqueles que se debruçam seriamente a estudar o tema (Alonso; Fuks, 2004; Berlinck, 1997; Israel, 1995; Mayer, 1989; Bollas, 2000), mas encontramos igualmente uma outra tendência que possibilita frases como: "assim como a histeria fora na época de Freud, hoje o que encontramos é..." – como se tal psicopatologia, em certo sentido, estivesse ultrapassada, seja em existência, seja em seu poder de colocar questões ao analista. Em ambos os casos, ela não é entendida como digna de escuta e interesse.

Entre os interlocutores desta pesquisa está, portanto, uma vertente da Psicanálise[1] que deixa de colocar como centrais os temas do Complexo de Édipo e da castração para privilegiar os conteúdos mais primitivos e remotos da vida psíquica. Essa tendência, por um lado, contribui para a exploração e o desenvolvimento do estudo das experiências pré-edípicas; por outro lado, paulatinamente vai perdendo a referência edípica, que passa a ser uma problemática secundária nas análises.

Essa tendência tem consequências. Com o interesse que se desloca do Complexo de Édipo para o que é considerado mais rudimentar, as patologias classicamente postuladas por Freud como intrinsecamente ligadas à castração e às saídas edípicas, tais como a histeria, vão perdendo espaço nos escritos teórico-clínicos e vão caindo em desuso como categorias ultrapassadas.

Há outra vertente, diferente desta, que mantém a problemática edípica como fundamental e viva na clínica. É nela que me situo e, nesta posição, causa-me estranhamento o abandono da temática da histeria em alguns espaços:

---

[1] A expressão "vertente da Psicanálise" não se refere a escolas psicanalíticas, mas a tendências e movimentos que se observam, sem necessária correlação a escolas específicas.

> As tentativas de apagar a histeria e de dessexualizar a teoria não têm sido só exteriores à Psicanálise, mas também aconteceram no interior dela. Nos últimos anos, a morte da histeria é anunciada com freqüência, caracterizada como uma doença vitoriana [...] (Alonso; Fuks, 2004, p. 229)

Quem sabe a escassa produção recente sobre a histeria não se restrinja apenas à concepção de falta de atualidade clínica da patologia. Talvez exista também a ideia de que muito já tenha sido dito sobre ela e haja pouco a acrescentar. Não nego que também a mim tenha-se imposto essa questão. No entanto, é somente pela escuta interessada de quem não sabe *a priori* que podemos, junto ao paciente, construir algumas formulações a respeito do enigma de sua história.

É justamente ao escutar a dor psíquica de pacientes com o diagnóstico de histeria que Freud desloca a importância do olhar para a escuta e abre um caminho de aprendizagem também a respeito da dita normalidade. A fecundidade de seu trabalho investigativo leva-o à formulação de suas teorias sobre a estruturação do aparelho psíquico e coloca o inconsciente no centro de suas indagações.

Depois de Freud (e até mesmo antes dele), muitos outros autores debruçaram-se sobre o estudo dessa patologia tão sedutora chamada histeria. O objetivo sempre foi compreender sua etiologia, suas manifestações, assim como possíveis formas de tratamento. Talvez se possa propor que o maior diferencial de Freud tenha sido seu inabalável espírito investigativo. Longe das amarras dos preconceitos, Freud pôde formular indagações e hipóteses sobre o que a dor histérica explicitava.

Nos dias de hoje, quando a sociedade se vê dominada pela promessa de prazeres fáceis e curas rápidas, assistimos à primazia da medicalização. Novos nomes de patologias ganham espaço e consagração, muitas vezes acompanhados da proposta de tratamentos que prometem a cura efetiva sem sofrimento ou sem grande dispêndio de tempo. Por vezes, observa-se um certo mascaramento de qualquer indício de existência da problemática psíquica, o que resulta em um olhar que inevitavelmente privilegia uma intervenção farmacológica.

Parece que estamos presenciando uma frenética negativa de "perder tempo" com a singularidade do sofrimento de cada paciente, culminando em uma tendência a categorizá-los em jargões diagnósticos comuns a muitos indivíduos e que desconsideram as histórias singulares que deram origem a essa dor. Observa-se, assim, um certo retrocesso explícito no convite de dissociação entre corpo e mente.

Mesmo dentro do contexto psicanalítico, não é raro escutarmos de colegas comentários de que a histeria clássica já não existe, tendo dado espaço a novas patologias da atualidade:

> Por isso tudo, na psicopatologia da pós-modernidade, não cabe mais a figura da histérica desmaiando e sendo socorrida, pressurosamente, por um gentil cavalheiro. O que encontra lugar nesses tempos tenebrosos é o desamparo, o mal-estar, a depressão, o pânico. (Reis Filho, 2005, p. 29)

Será mesmo que a histeria é fruto de uma época distante, mera curiosidade histórica, patrimônio de um tempo passado? É possível que hoje pouco se possa reconhecer daquilo que outrora invadia os consultórios diariamente? Todas essas novas patologias devem ser consideradas pela Psicanálise como novos fenômenos, ou podem tratar-se, muitas vezes, de disfarces contemporâneos de velhos conhecidos?

Essas foram algumas questões formuladas a partir do atendimento dos casos de pacientes com crises pseudoepilépticas que sugeriam serem expressões da histeria. Sugeriam não apenas pela manifestação clínica, fator determinante para que Charcot considerasse a histeroepilepsia uma manifestação da histeria em sua época, mas também pelos elementos que se fizeram presentes na escuta desses pacientes em um espaço analítico.

Com isso não se pretende, nem de longe, indicar que não existem importantes mudanças sociopolítico-culturais nas sociedades, ou que essas mudanças não tenham lançado seus reflexos nas manifestações psicopatológicas contemporâneas. Certamente os apelos da mídia, a globalização e o imperativo de gozar a qualquer custo oferecem à histeria novos caminhos de expressão, novos figurinos. Mudar o figurino não quer dizer, entretanto, mudar o mais íntimo da trama psíquica.

E quando as vestimentas são quase as mesmas, como nas crises pseudoepilépticas? O que será que contribui para que elas ainda assim não sejam reconhecidas? Antes de Charcot e Freud, se alguém quisesse ignorar a natureza psíquica da pseudoepilepsia, seria possível. Mas e agora? É fascinante pensar o que acontece conosco para que o reconhecimento e acolhimento dessa manifestação não sejam imediatos. O que será, então, que aconteceu após cem anos da descoberta de Charcot e Freud? Entender o que, nas crises pseudoepilépticas, atrapalha esses pacientes no encontro do atendimento adequado pode contribuir não só para eles, como também para a Psicanálise.

O objetivo deste livro é, portanto, tomar essa manifestação corporal chamada pseudoepilepsia ou crise pseudoepiléptica e dedicar a ela uma escuta, visando a entender a conformação psíquica envolvida na produção de tal padecimento, como recurso de auxílio para que os pacientes encontrem um encaminhamento congruente com o que se passa com eles. Além disso, a pesquisa objetivou problematizar os diagnósticos de "pseudo" e de "histeria" e refletir sobre os possíveis efeitos da nomeação de um padecimento como falso para o sujeito que recebe esse diagnóstico, tal como veremos no capítulo 1.

Se diante dos sintomas trazidos aos hospitais o encaminhamento continuar sendo o tratamento de um corpo biológico, aquilo que está em jogo num sintoma psíquico, do ponto de vista psicanalítico, não será contemplado, e o percurso desses pacientes até a origem de sua dor continuará sendo longo.

Hoje em dia, esses pacientes estão tão à margem quanto antes, sem que uma ciência se responsabilize por seus cuidados e, por conseguinte, circulando sem respostas por diferentes especialistas. É importante chamar a atenção para o fato de que hoje, além dos preconceitos sobre a veracidade do padecer, a vulgarmente chamada pseudoepilepsia sofre os efeitos de um segundo problema: muito bem disfarçados pelas roupagens epilépticas, os pacientes são erroneamente diagnosticados como tendo uma condição médica de magnitude epiléptica e sofrem com a sobremedicação. Os antiepilépticos são, nestes casos, drogas fortes que não contribuem para a remissão dos sintomas.

Como veremos nos capítulos 1, 3 e 4, foi possível localizar na fala desses pacientes aspectos que justificam a necessidade da escuta psicanalítica, o que, quem sabe, contribua para que eles sejam repatriados ao campo da Psicanálise e para que seus caminhos na busca por cuidados adequados possam ser encurtados.

No entanto, para que os pacientes cheguem até os psicanalistas é preciso que também os médicos reconheçam a possibilidade de que na crise pseudoepiléptica possa estar presente uma manifestação cuja origem é psíquica. É preciso uma repatriação de certos fenômenos para sua "terra de origem". É necessário que a Psicanálise reclame para si tais pacientes – quer dizer, que ela se apresente, oferecendo a escuta que a fundou, enquanto ciência, para que um outro corpo seja, então, evidenciado: um corpo que traz em si as marcas de uma história.

Contribuir para repatriar essa patologia que circula pelo limbo entre a Neurologia e a Psiquiatria para o campo da Psicanálise foi o fim último da pesquisa que originou este livro que, para tanto, procurou problematizar o estatuto do que está colocado nesse corpo e se propôs a acompanhar os caminhos desse "êxodo".

Os casos trabalhados com esse intuito foram retirados da experiência clínica no grupo de pesquisa no Hospital das Clínicas e, por isso, contam com alguns atravessamentos institucionais. Destes atravessamentos, os que me interessam destacar dizem respeito às limitações de frequência, restritas a uma sessão semanal, e de tempo de tratamento, cuja duração máxima era de um ano. Essas especificidades merecem ser apontadas para esclarecerem possíveis dúvidas que venham a surgir quanto aos atendimentos e seus encerramentos nos casos apresentados.

Esses materiais clínicos estão distribuídos nos diversos capítulos, seja no formato de estudo de caso, seja como curta vinheta clínica, para ilustrar determinado aspecto em pauta. No entanto, do ponto de vista da relação entre os casos e a pesquisa, eles são determinantes e estão na origem da escolha do tema, já que este é um estudo que parte da clínica para a teoria.

Ainda em relação à apresentação dos casos trabalhados, é importante destacar que esse livro faz um esforço para não cair em nenhuma concepção extremada acerca do diagnóstico em Psicanálise. Esta trabalha com a escuta singular de um sujeito, escuta que se abrirá para uma história sempre única de um certo padecer. Se essa concepção for levada ao extremo, não precisaríamos falar em diagnósticos, e a questão da atualidade da histeria não estaria colocada. Contudo, também em relação a generalizações não pretendo radicalizar. Apesar do diagnóstico lançar luz sobre certos aspectos, clareando pontos a trabalhar e auxiliando na condução do tratamento, é certo que nenhum diagnóstico poderá abarcar a totalidade do sujeito, sendo preciso reconhecer elementos não explicados pela patologia em questão. Situamo-nos, então, entre dois ideais um tanto contraditórios na tentativa de conciliá-los e de aproveitar suas contribuições. É uma tentativa de trabalhar, na medida do possível, com as nuances do caso na direção da singularidade, sem cair no ideal de singularidade absoluta em que não é possível qualquer generalização.

O primeiro capítulo do livro dedica-se a delimitar a pseudoepilepsia como diagnóstico neurológico e, a partir dos casos de Marco e de Denis[2], inicia uma articulação com o diagnóstico de histeria em Psicanálise. A especificidade desse capítulo é a inclusão de concepções médicas que situam o leitor em relação às diferenças entre epilepsia e crise pseudoepiléptica. Além disso, são abordadas algumas diferenças entre o diagnóstico médico e aquele utilizado pela Psicanálise, permitindo que o leitor acompanhe as hipóteses clínicas levantadas.

Os casos focalizados no primeiro capítulo sugerem o diagnóstico de histeria e, com isso, motivam a pesquisa sobre o assunto. Essa tarefa será realizada, em parte, no segundo capítulo, intitulado "Revisitando a histeria", que, além de acompanhar as concepções freudianas a propósito da histeria, reencontra, na experiência de Freud junto a Charcot, a histeroepilepsia. Concepções de autores pós-freudianos que se

---

[2] Todos os nomes de pacientes que aparecem ao longo do livro são fictícios, para que se preserve o anonimato.

mostraram pertinentes para a pesquisa serão apresentadas ao longo dos capítulos.

O capítulo seguinte, "*Das Unheimliche* no corpo" trabalha uma sensação de estranho referida por alguns pacientes com crises pseudoepilépticas em relação ao seu próprio corpo e se beneficia das concepções freudianas de 1919 (Freud, 1919/2003). Além disso, esse capítulo procura articular a sensação de *Unheimliche* em relação às crises e à busca de explicações para o fenômeno, explicações que apontariam para possessões demoníacas.

O quarto capítulo é o que se ocupa do problema da atualidade da histeria na clínica. Inspirando-se em um caso clínico semelhante a um conto de fadas sem final feliz, o capítulo propõe a analogia da histeria como a Gata Borralheira do século XXI, muitas vezes esquecida junto às cinzas da cozinha.

Para a leitura, portanto, recomendamos uma atitude curiosa, que permita deixar-se surpreender pelas problemáticas psíquicas expressas no corpo em cada um dos casos apresentados, atitude esta que propicie a renovação do interesse por um fenômeno clínico estranho, mas também familiar.

1.

PSEUDOEPILEPSIA: ALGUMAS CONSIDERAÇÕES SOBRE OS IMPASSES DIAGNÓSTICOS

É interessante começar a pensar sobre essa manifestação partindo de sua nomenclatura. Pseudoepilepsia é um diagnóstico neurológico desenvolvido a partir de sua semelhança e também diferença em relação à epilepsia. Este nome certamente vem carregado de um peso que não podemos deixar de considerar. Quando buscamos um diagnóstico médico, esperamos encontrar um termo que nomeie nosso padecer. Nesses casos, o termo traz consigo a marca de um engano ("*pseudo-*"), deixando em aberto o que é de fato.

Tratados normalmente durante anos como epilépticos, ao serem reavaliados, esses pacientes descobrem não terem alterações elétricas que justifiquem suas crises e recebem uma reparação em seu diagnóstico. Passam a ser acrescentadas as palavras "não" ou "pseudo" antes da anterior nomeação. Ganham então um diagnóstico, "não epilepsia" ou "pseudo-epilepsia". Do ponto de vista da Neurologia, o problema é resolvido: não se trata de epilepsia. No caso do paciente, entretanto, a questão é um tanto mais complexa. Seu diagnóstico fala daquilo que ele parece ter, mas não tem. Não é ao acaso que isto acontece; certamente o sintoma denuncia esse mesmo movimento psíquico no paciente, esse jogo entre ter e não ter, entre parecer e não ser. No entanto, em termos diagnósticos, é preciso que nos aproveitemos disso para que possamos positivar algo acerca de seu sofrimento.

O termo "pseudoepilepsia" vem sendo questionado atualmente por sua conotação pejorativa, mas, na linguagem corrente, ele é ainda o mais utilizado e tem consequências para aquele que o recebe. Referindo-se à expressão "pseudocrise" para designar as crises sofridas por esses pacientes, Florindo Stella e Mário Eduardo Costa Pereira (2003), em seu artigo a propósito de crises pseudoepilépticas, atentam para o fato de esse diagnóstico ser pouco aceito pelos pacientes, uma vez que eles se sentem como tendo crises reais. Com efeito, suas crises são reais, porém a origem delas não se relaciona com alterações bioelétricas cerebrais como as epilépticas. Esse termo, que parece negar o sofrimento real do paciente, vem sendo substituído na linguagem médica formal pelas expressões "*crises pseudoepilépticas*" ou "*crises não epilépticas psicogênicas*". Nesta pesquisa também privilegiaremos esses termos, exceção feita a quando quisermos problematizar o peso do "*pseudo*" para o diagnosticado, motivo pelo qual ele foi empregado como título deste capítulo.

As crises pseudoepilépticas recebem esse nome por sua semelhança aparente com a epilepsia. Seus movimentos convulsivos aproximam-se fenomenologicamente dos apresentados em casos de epilepsia. Em muitos casos, o paciente cai no chão, debate-se em movimentos convulsivos, contorce seu corpo, eleva o quadril em movimento em arco de círculo e apresenta momentos de rigidez corporal seguidos de relaxamento. A fundamental diferença em relação à epilepsia fica expressa em um exame chamado vídeo-eletroencefalograma (vídeo-EEG). Nele, percebe-se que, apesar das manifestações corporais análogas às encontradas em pacientes epilépticos, não são verificadas quaisquer alterações neurológicas que justifiquem tais comportamentos.

Algumas noções de epilepsia

Considerando-se que o diagnóstico neurológico das crises pseudoepilépticas faz referência à epilepsia, seja por sua semelhança, incluindo a epilepsia em seu nome, seja pela diferença, que determina o uso do "*pseudo*", torna-se necessário que se tenha em mente algumas noções sobre a epilepsia.

No "Prefácio" à edição brasileira do *Manual de epilepsia*, Wilson Luiz Sanvito (1974) afirma que a epilepsia foi considerada popularmente como a doença maldita, cercada de lendas e mistificações, já que as primeiras formulações a respeito de suas causas foram sobrenaturais, atribuídas a manifestações divinas ou demoníacas.

Entretanto, a epilepsia é uma alteração cerebral recorrente originada por uma descarga eletroquímica súbita, breve e anômala de um grupo de neurônios. É, portanto, um distúrbio cerebral complexo, envolvendo descargas elétricas cerebrais anormais, excessivas e sincrônicas dos neurônios. Essa condição clínica, em muitos casos progressiva, é manifestada por crises que se repetem em intervalos variados e que não necessariamente se ligam a fatores agudos precipitantes das crises (Topczewski, 2003).

A prevalência da epilepsia está entre 1% e 5% na população geral, com ligeira predominância no sexo masculino e frequência maior na infância. É uma doença que necessita de tratamento medicamentoso específico e contínuo durante longos períodos, e entre os efeitos adversos desses medicamentos antiepilépticos encontram-se tremores, irritabilidade, sonolência, agitação, cefaleia e dificuldade de concentração (Topczewski, 2003). Além disso, a definição de um tratamento com drogas antiepilépticas impõe ao paciente horários regulares para seu uso e também restrições relacionadas aos efeitos adversos dos medicamentos.

A Comissão de Terminologia da ILAE (Commission on Classification and Terminology of the International League Against Epilepsy, 1989) classificou as síndromes epilépticas e epilepsias em generalizadas, parciais e indeterminadas, sendo as duas primeiras mais frequentes. Nas crises parciais, a manifestação clínica aponta o envolvimento de uma parte do hemisfério cerebral, enquanto a generalizada indica o envolvimento de ambos os hemisférios cerebrais e compromete a consciência. Na forma generalizada, pode haver crises de ausência (desligamento súbito) e crises dos movimentos mioclônicos, tônico-clônicos, atônicos, clônicos ou tônicos[1]. Nas parciais, a crise pode ser simples, sem comprometimento da consciência, ou complexa, com alteração da consciência (Topczewski, 2003).

No caso de sucessões de crises por tempo prolongado sem a recuperação da consciência entre elas, o paciente pode entrar em estado de mal epiléptico, caracterizado como uma emergência clínica que necessita de hospitalização e, muitas vezes, de tratamento em unidade de terapia intensiva (Boshes; Gibbs, 1974).

O eletroencefalograma, descoberto pelo psiquiatra alemão Hans Berger, em 1929, permite que sejam evidenciadas atividades que normalmente seriam invisíveis, demonstrando que a liberação da energia no interior do cérebro está desregulada. Ele pode demonstrar essas descargas críticas até mesmo antes das manifestações clínicas (Boshes; Gibbs, 1974). Trata-se de um registro das atividades elétricas cerebrais com o uso de eletrodos que captam qualquer tipo de alteração no campo

---

[1] Segundo Yacubian (2002), "tônica" é a contração muscular que dura de poucos segundos a minutos; "clônica" é quando cada contração muscular é seguida de relaxamento, levando a abalos musculares sucessivos; "mioclônica" é a contração muscular bastante breve, que se assemelha a choques, e "atônica" é a perda ou diminuição abrupta de tônus muscular.

elétrico relacionado às alterações na atividade neuronal (Cockerell; Shorvon, 1997).

As crises pseudoepilépticas

O diagnóstico diferencial entre epilepsia e crises pseudoepilépticas nem sempre é feito, e frequentemente os pacientes sofrendo destas últimas são diagnosticados de forma errônea como tendo epilepsia, recebendo medicamentos antiepilépticos durante longos períodos da vida (Roy; Barris, 1993). Isso, conforme abordado anteriormente, não é sem consequências. Além de o erro diagnóstico levar a um tratamento equivocado, esse tratamento envolvendo antiepilépticos acarreta ao paciente efeitos adversos e restrições despropositados em relação à rotina diária, nestes casos.

Segundo Rowan (1993), antes da era do EEG, esses casos não tinham outra verificação além dos fenômenos clínicos. Com o vídeo-EEG, a possibilidade de gravar tanto o comportamento quanto o EEG simultaneamente confirmou que tais eventos têm uma origem não orgânica.

Durante o vídeo-EEG, o paciente fica internado por alguns dias para uma constante monitoração, o que possibilita ao médico acompanhar as ondas cerebrais no exato momento das crises e estudar a sua origem. Nesse exame, que é uma maneira mais especializada de EEG, o médico consegue ver lado a lado o vídeo e a imagem do eletroencefalograma, podendo precisar o quanto o comportamento durante a crise está relacionado às atividades elétricas cerebrais anormais.

Dessa forma, o diagnóstico definitivo se dá pelo vídeo-EEG, mas existe uma variedade de sinais clínicos que sugerem tratar-se de crises pseudoepilépticas, tais como o fato de os pacientes normalmente não se machucarem, morderem a língua ou experimentarem incontinência urinária. Assim como na histeroepilepsia apresentada pelos pacientes de Charcot, é comum a existência de movimentos tônico-clônicos que em termos de duração e características semiológicas não são compatíveis às manifestações epilépticas (Stella; Pereira, 2003). A longa duração de certas crises pseudoepilépticas poderia levar a um estado de mal epiléptico caso fossem crises epilépticas de fato.

Rowan (1993) afirma que crises pseudoepilépticas são relativamente comuns e apresentam uma diversidade de manifestações, assim como as epilépticas. Ele afirma que, durante muito tempo, o interesse dos neurologistas recaiu apenas em diagnosticar as crises pseudoepilépticas, havendo pouco interesse em descobrir as causas desses eventos ou seu tratamento após o diagnóstico feito, o que de certa forma é natural, já que escapa ao seu campo de competência. Tampouco era do interesse dos psiquiatras, os quais, após o encaminhamento por parte da Neurologia, mostravam pouca experiência e interesse por esse problema complexo.

Trata-se, portanto, de um território fronteiriço entre a Neurologia e a Psiquiatria, o que faz com que nenhuma disciplina reclame para si o estudo das crises pseudoepilépticas. Não seria este o território da Psicanálise?

Segundo Myers e Zaroff (2004), a prevalência das crises pseudoepilépticas não é clara, mas 5% a 20% das pessoas que buscam clínicas de epilepsia são consideradas como tendo crises pseudoepilépticas. Essa prevalência é ainda maior entre aqueles que ficam internados para monitoramento (entre 10% e 40%).

Roy e Barris (1993) salientam que desenvolver esses sintomas pode ser o tíquete de entrada para o sistema de cuidado com a saúde, tendo a vantagem de acessar a ajuda médica. O problema torna-se maior, pois os diagnósticos equivocados, ao tratarem apenas da sintomatologia, permitem iniciar um ciclo de buscas insatisfatórias de ajuda no sistema de saúde. Esse ingresso redunda em atribuição de benefícios previstos na legislação, mas que só são alcançados por meio da alteração corporal.

É frequente que pacientes com crises pseudoepilépticas tenham alguma familiaridade com a epilepsia (Roy; Barris, 1993). Muitos deles inclusive apresentam a combinação de crises epilépticas com pseudoepilépticas: são pacientes epilépticos que, de modo inconsciente, absorveriam as características das crises epilépticas que ciclicamente já apresentavam, conferindo às crises pseudoepilépticas um quadro sintomatológico similar (Stella; Pereira, 2003). Nesses casos, é comum que a contenção medicamentosa das crises epilépticas leve ao desenvolvimento das crises pseudoepilépticas.

Outro aspecto interessante nos artigos que abordam crises pseudoepilépticas diz respeito ao destaque das possíveis violências sexuais sofridas pelos pacientes (Rowan, 1993; Myers; Zaroff, 2004). Não encontramos isso apenas em produções escritas. Na troca de experiências com outros profissionais que atuam junto a esses pacientes, fui informada certa vez de que, em entrevista com o neurologista, a maior parte desses pacientes menciona ter sido vítima de abusos sexuais. Essa informação não oficial contrasta profundamente com os dados obtidos durante o tratamento psicológico e permite reflexões posteriores.

Bowman e Markand (1999) realizaram um estudo para conhecer os eventos que poderiam contribuir para a ocorrência de crises pseudoepilépticas em adultos. Concluíram que a maioria dos precipitantes poderia ser categorizada entre traumas, perdas e situações de estresse. Eles recomendam que se pergunte aos pacientes sobre traumas remotos e situações recentes que poderiam causar esses eventos. Esta prática, que também ocorre no Brasil, faz com que alguns pacientes cheguem para atendimento psicológico explicando não encontrarem traumas em sua história de vida como proposto durante o encaminhamento.

Pseudoepilepsia e histeria: algumas articulações

Os termos "pseudoepilepsia" e "histeria" não estão sendo usados neste trabalho como sinônimos. Pseudoepilepsia é um diagnóstico neurológico que afirma o não envolvimento de alterações elétricas cerebrais que justifiquem as crises epileptiformes. Já o diagnóstico de histeria é uma categoria psicanalítica e demanda, portanto, uma escuta criteriosa do caso.

Vemos entre eles uma diferença na origem do diagnóstico e de qual corpo é tomado para chegar a ele. A crise pseudoepiléptica, ou pseudoepilepsia, não se trata de uma categoria diagnóstica psicanalítica, apesar de estar presente nas origens do pensamento psicanalítico. Para ser diagnosticada como tal, o paciente precisa manifestar crises com certas características similares à epilepsia sem que haja alterações cerebrais correspondentes ou qualquer outra explicação orgânica. Trata-se de um diagnóstico definido pelo que não é, pela diferença em relação à epilepsia.

Enquanto isso, a histeria é definida pela verdade da realidade psíquica do sujeito, sua história e singularidade. Para que se faça uma passagem do diagnóstico neurológico para o psicanalítico, é preciso que haja espaço para que sejam escutados esses aspectos singulares de sua trama psíquica para, então, aproximarmo-nos de apontar um diagnóstico em Psicanálise.

Charcot propôs uma articulação entre histeroepilepsia e histeria baseada na manifestação clínica. Freud aproveitou-se dos ensinamentos do mestre francês, mas introduziu a importância da escuta, criando o campo psicanalítico.

Percebe-se aí uma distância que se coloca em relação ao diagnóstico em Psicanálise. Nesta, o diagnóstico não se dá pela apreciação das manifestações sintomáticas apresentadas, mas por uma escuta que leva em conta os conflitos envolvidos naquele padecer. Com a descoberta freudiana, fez-se presente a história de cada paciente como determinante no entendimento de um padecimento. Diante de sintomas, geralmente calados até então, Freud pedia que fossem falados.

A Psicanálise, em seu início com Freud, ocupou-se daquilo que a Medicina não explicava, abrindo terreno para o entendimento de um outro registro do corpo. Se as paralisias, contraturas ou convulsões não encontravam no corpo orgânico uma explicação, evidenciava-se, então, um corpo capaz de respeitar a leis criadas singularmente pela história da sexualidade de cada sujeito. Trata-se, portanto, do corpo erógeno, marcado pela sexualidade infantil e mapeado por ela numa geografia única.

No terreno da Medicina interessa o corpo orgânico. Quando buscamos um neurologista, esperamos encontrar um médico apto a decifrar os enigmas desse corpo do ponto de vista biológico. No caso das convulsões, esse médico buscará respostas orgânicas que poderão apontar para a epilepsia. Veremos, mais adiante, com a apresentação dos casos clínicos, que, nos pacientes com crises pseudoepilépticas por mim estudados e cujos casos foram relatados nesta pesquisa, há algo da sexualidade que subverte esse corpo orgânico e denuncia a existência desse outro registro: o do corpo erógeno. Aí está uma das condições para que seja dado um passo para a aproximação com a histeria. Para decifrarmos os enigmas desse corpo, já não estaremos na seara da Neurologia, mas sim na da Psicanálise.

Existe entre a Neurologia e a Psicanálise, portanto, uma diferença fundamental que diz respeito ao corpo. Falamos aqui de dois registros diferentes de corpo. O corpo tomado pela Psicanálise tem uma especificidade que não permite paralelo direto com o corpo orgânico. Não se trata de serem opostos, mas de responderem a registros diferentes.

A sexualidade, desde a revolução freudiana, ganha importância central na construção do sujeito, marcando o nascimento de um corpo erógeno. Este, que nasce apoiado na autoconservação, não acompanhará seus passos a partir de então. A criança, que já era falada desde antes de seu nascimento, experimenta, com os cuidados maternos, prazeres que vão além da mera satisfação de suas necessidades. Seu corpo vai sendo erogenizado pela mãe, e é esse corpo erógeno que nos tira do estado de Natureza e nos dá de fato a condição de humanos.

Rubens Volich (2000), em seu livro *Psicossomática*, explica a subversão libidinal como sendo a luta do sujeito para a construção de uma ordem psíquica que tenta superar a ordem fisiológica.

> A experiência do corpo erógeno implica outras transformações importantes no sujeito: a passagem da dimensão de instinto para a da pulsão, da necessidade para o desejo, da excitação para a experiência de angústia, e do sono fisiológico para o sonho. (Volich, 2000, p. 119)

Essa operação marca um destino: o sujeito não mais manifestará em seu corpo apenas suas necessidades orgânicas, buscará com ele os caminhos do desejo e poderá empregá-lo para denunciar também um conflito psíquico.

Sem a escuta do sujeito não podemos saber de que se trata um fenômeno corporal, mas esse engano, que faz parecer uma crise epiléptica aquilo que em verdade não o é, faz-nos pensar em um lapso. Essa espécie de lapso é o que nos levaria a supor ser este um sintoma psíquico e, como tal, repleto de simbolismo.

O ponto em que o neurologista coloca o diagnóstico diferencial para a epilepsia é aquele que pode abrir portas para a entrada da Psicanálise. Ou seja, ao definir a crise como pseudoepiléptica, a Neurologia passa o enigma adiante, e a Psicanálise pode dele se apropriar. Para que desse diagnóstico possamos passar para um diagnóstico psicanalítico de histeria (ou qualquer outro), há um caminho a se percorrer.

Está aí o motivo pelo qual me coloco cautelosa em dar um salto que passe diretamente da pseudoepilepsia à histeria como uma substituição simples de termos, que poderia levar a uma apressada "pseudocompreensão" do sofrimento. Tratarei aqui como histeria os casos cujas dores tenham sido escutadas e, a partir daí, reconhecidos como tal.

Apesar disso, essa escuta pode começar a ser empreendida desde os dados médicos sobre o diagnóstico neurológico, que já oferecem material para articulações hipotéticas que poderão, ou não, ser validadas junto àquele que padece, à sua história singular. A própria dificuldade diagnóstica dos neurologistas abre espaço para a escuta. Sua nomenclatura resulta de um impasse entre ter ou não epilepsia. O que será que, nesses pacientes, deixa a sensação de engano e coloca a questão sobre ter ou não ter? O impasse entre ter ou não ter é próprio da fase fálica do desenvolvimento psicossexual, o que começa a dar notícias de uma possível fixação a essa etapa da história sexual desses sujeitos.

A dificuldade para diagnosticar e tratar do problema trazido no corpo coloca o médico numa condição de impotência diante do paciente. Nada do que seu saber oferece dá conta do que o paciente manifesta. Quando alguma hipótese diagnóstica se oferece como uma possibilidade promissora, elementos novos desviam o médico de tal caminho. Esse aspecto contribui para articular a hipótese de poder tratar-se de manifestações da histeria, já que vai ao encontro do que se sabe historicamente dos sujeitos que padecem dessa psicopatologia. Em questão sobre sua própria potência, o histérico coloca a temática para o outro. Essa operação faz com que, ao ser verificado o não envolvimento de alterações orgânicas, o médico sinta-se impotente e tenha sua raiva despertada, rechaçando o paciente como se este o tivesse ofendido.

A temática da simulação vem acompanhando os pacientes histéricos desde os tempos de Charcot, que se dedicou a provar que não era disso que se tratava, e que o sofrimento do paciente era verdadeiro. Freud acompanhou essa tendência e dedicou-se a, empreendendo escuta cautelosa a esses pacientes, descobrir a etiologia do problema. Verificando o envolvimento da sexualidade na questão, sua primeira teoria foi a de que tais pacientes teriam sofrido abuso real por parte de um adulto sedutor. Posteriormente, essa hipótese deu lugar à noção de fantasia, que permitiu ao pai da Psicanálise desenvolver o conceito de sexualidade infantil e compreender que a sexualidade envolvida dizia respeito ao Complexo de Édipo e suas respectivas fantasias[2].

Com isso em mente, podemos problematizar os achados bibliográficos que falam da alta incidência de abuso sexual sofrido pelos pacientes com crises pseudoepilépticas. A diferença encontrada entre os dados trazidos para o neurologista e para o psicólogo não deixa de ser digna de reflexão. É possível que, dependendo da forma como a pergunta sobre um possível abuso sexual sofrido seja colocada ao paciente, ela funcione como uma sugestão. É como se voltássemos a fazer um percurso que Freud há muito já percorreu, que passa pela teoria da sedução, buscando eventos reais, até chegar ao conceito de fantasia, sem nos esquecermos do trauma em dois tempos, em que uma experiência atual ressignifica como traumática uma vivência anterior. Isso não exclui, de modo algum, a possibilidade de abusos sexuais reais em certos casos, mas procura reintroduzir um componente das crises que não será encontrado em qualquer exame: a fantasia.

Os benefícios alcançados pelos pacientes a partir das crises são igualmente elementos para discussão. Não apenas aqueles

---

[2] O acompanhamento do percurso freudiano no entendimento da histeria está mais desenvolvido no capítulo "Revisitando a histeria".

relacionados ao sistema de saúde chamam a atenção, mas também os conquistados junto à família. Esses ganhos contribuem para a manutenção do sintoma, já que levam a um apego do paciente por seu padecimento.

Esses elementos referentes à bibliografia médica permitem certas conjecturas que aproximam a crise pseudoepiléptica da condição histérica. Essas conjecturas só têm valor, entretanto, quando confirmadas clinicamente. De qualquer forma, é interessante o fato de as bibliografias médicas apresentarem hoje as crises pseudoepilépticas como uma sintomatologia frequente e de origem psicogênica, enquanto alguns profissionais da área *psi* insistem em considerar a histeria como uma psicopatologia fora de moda atualmente. Até mesmo Cockerell e Shorvon (1997), autores de um livro que aborda a epilepsia do ponto de vista neurológico, afirmam que a crise pseudoepiléptica tem base psicológica e comumente se trata de uma conversão histérica.

Esses estudos mostram que os pacientes com crises pseudoepilépticas de fato ainda se apresentam em uma frequência relativamente alta. Se considerarmos que pelo menos grande parte desses pacientes padece de histeria, hipótese esta levantada pela experiência clínica com tais pacientes, isso apontaria para uma frequência também alta de histeria. Entretanto, falamos baseados apenas nas crises pseudoepilépticas, e não na histeria como uma psicopatologia que se pode mostrar em diferentes manifestações. Fica, então, o questionamento sobre qual encaminhamento está sendo dado a esses pacientes para que muitos psicanalistas não mais os encontrem, ou qual a escuta empreendida atualmente quando nos deparamos com tais manifestações.

Falando sobre a histeria, Berlinck (1997) nos dá uma pista. Ele comenta que os histéricos buscam o que lhes é oferecido e que a oferta hegemônica é o saber médico. Trata-se de um caminho que nos pode ajudar a pensar por que esses pacientes são mais encontrados em hospitais.

Apesar de a escuta poder ser empreendida ao fenômeno como um todo, ela apenas pode dar elementos que apontem para caminhos de investigação. É somente quando ela é utilizada singularmente junto a um sujeito, acompanhando sua história, que podemos, de fato, ensaiar um diagnóstico não selvagem em Psicanálise.

Neste livro partimos da manifestação clínica da pseudoepilepsia, mas apenas tomamos partido de um diagnóstico psicanalítico quando, ao empregar a escuta clínica, se tenham elementos que o justifique.

A crise pseudoepiléptica e a inclusão da sexualidade: o caso Marco

A chegada de um menino de treze anos para atendimento se deu em função das crises convulsivas que não tinham origem epiléptica. Essas crises, que pareciam epilépticas por sua forma, já que Marco caía e se retorcia no chão, foram consideradas pseudoepilépticas no exame do vídeo-EEG.

No início, suas crises aconteciam sempre em casa, à noite, no horário em que os pais estavam presentes. Foi então que buscaram um neurologista, o qual, apesar de não encontrar alteração no eletroencefalograma, passou a medicá-lo com carbamazepina. Marco ficou um mês sem crises e voltou a apresentá-las. Dessa vez, passou a ter desmaios, e não mais se debatia durante as crises, que passaram a acontecer também na escola.

Nas primeiras entrevistas, constatamos que as crises apareceram juntamente ao início da dificuldade enfrentada pelo paciente na escola. Segundo a família e o próprio paciente, Marco angustiava-se muito toda vez que precisava realizar uma prova e, algumas vezes, a angústia aparecia no caminho para a escola.

Os pais consideravam a saúde de Marco frágil desde pequeno. Aos três anos, um objeto caiu em sua cabeça e todos ficaram muito preocupados. No ano seguinte, sua irmã nasceu, e Marco teve pneumonia. Uma reação parecida aconteceu quando seu meio-irmão, filho mais velho de seu pai, passou a morar com eles: Marco teve meningite. Aos cinco anos, quando seu avô morreu, ele alegou que deveria ter morrido de meningite no lugar do avô. O avô, um herói de guerra, era uma figura bastante valorizada por Marco.

Outra preocupação importante de seus pais dizia respeito à depressão experimentada por Marco no ano anterior à busca pelo atendimento. Os médicos indicaram-lhe antidepressivo e os pais ficavam muito assustados com as falas do menino sobre vontade de morrer.

Marco vivia como filho e neto único até seus três anos de idade. Em menos de seis meses, essa realidade mudou completamente: sua irmã mais nova nasceu e seu meio-irmão passou a morar também em sua casa. Nessa época ele apresentou duas doenças graves seguidas e, a partir de então, o espaço que parecia ter encontrado na família foi o de frágil, recebendo atenção dos pais em função disso.

Marco comenta que a irmã tem seu lugar por ser a mais nova e a única menina, e o irmão não é exigido, por conta de seus graves problemas de depressão. Marco sempre se esforçou muito para atender às expectativas do pai, ficando nesse lugar especial de ser seu ajudante e companheiro.

Em muitos momentos, encontrei na fala dos pais e do paciente a afirmação de que não havia problema se este repetisse o ano escolar, já que isso se daria por uma condição médica. Diante de meu questionamento sobre como seria se isso acontecesse sem que Marco estivesse apresentando qualquer problema de saúde, os pais mostraram-se duros, afirmando que "daí seria outra história, pois não criamos filho para ser vagabundo". A mãe comenta que sempre teve problemas com homens, uma vez que seus dois irmãos "são dois vagabundos", juntamente com seu pai, todos sustentados com o dinheiro da mãe. Fala que só se casou porque conheceu um homem diferente deles, e não admitirá um filho que siga o exemplo de sua família.

Aí começamos a ter acesso à ameaça representada pela virilidade na história de Marco. Seu destino parecia traçado: se ele se fizesse homem, estaria fadado ao desvalor. No enunciado da mãe, a masculinidade era igualada à vagabundagem e ao fracasso. Nesse destino, havia só uma brecha aberta pelo discurso materno. Ele poderia identificar-se com o pai de maneira maciça, o único homem reconhecido como bom pela mãe.

O pai, que se mostrava bastante interessado na saúde mental do filho, também é um homem bastante rígido em relação aos estudos. Professor universitário, passou fome quando criança e conseguiu mudar de vida apoiado na dedicação e bom desempenho escolar. Este é um modelo a que Marco frequentemente se reportava, o que em muitos momentos acabava representando um peso de um exemplo jamais superável.

Nesse modelo apresentado pelo pai não estava incluída a virilidade. Os pais valorizavam muito o trabalho e o estudo, e pouco se apresentavam como casal. Marco frequentemente se perguntava sobre como o pai "aguentava" a mãe, com suas oscilações de humor e "chatices".

Nos primeiros tempos de seu atendimento, estava clara a impossibilidade de Marco em desafiar esse modelo paterno em qualquer nível que fosse. Em alguns momentos, falava da chatice da mãe, mas nada era falado em desabono do pai. Isso chamou minha atenção, e passei a formular hipóteses para isso.

Em determinado ponto de seu tratamento, o paciente chegou bastante deprimido após ter ido ao lançamento de um livro do pai. Fala que não conseguiu ficar feliz pela vitória do pai, pois percebeu que ele não teria como se igualar às conquistas paternas, quando, na realidade, deveria ultrapassá-lo, já que começara de uma condição financeira melhor que aquela a qual o pai estivera submetido: "se meu pai passou fome e conseguiu chegar ao que ele é hoje, eu que sempre estudei em escola boa, que meu pai sempre se esforçou para pagar, tenho que, no mínimo, conseguir chegar ao que ele é".

Marco referiu-se, algumas vezes, à competitividade do pai em relação a outros homens, contando que o pai ficava muito deprimido quando não conseguia sobressair-se pelo conhecimento. Contou o caso de um certo homem que tinha uma moto melhor que a de seu pai, e que este último tentou demonstrar ser melhor por ter recebido a aprovação para utilizar um equipamento que só é concedido a poucas pessoas que realizam determinado curso. Ao perceber que o homem tinha tal aprovação, Marco comenta que o pai sentiu-se humilhado e ficou três dias deprimido em casa. Com toda a competitividade atribuída ao pai, surpreendia ainda mais perceber que Marco estava impedido de rivalizar com ele.

Em muitos momentos, Marco comentou que teria que ser advogado, pois o pai só considerava financeiramente rentáveis as profissões de médico e advogado. Na impossibilidade de lidar com sangue (que fazia Marco desmaiar), ele dizia ficar sem escolha, e que por isso faria Direito. Com efeito, parece-me que é difícil para esse menino lidar com sangue, como ele diz, não apenas por este ser o efeito de um corte, mas por toda a vinculação que o sangue teria com o seu fracasso em relação ao masculino.

Por essa linha da ameaça do masculino, fomos aproximando-nos de um caminho de compreensão para sua impossibilidade de questionar o pai. Rivalizar com ele era demasiado perigoso para Marco, porque colocava em risco a única identificação masculina valorizada pela mãe. Se tomado como rival e destruído, o pai levaria consigo a chance de Marco ser homem e mesmo assim amado (valorizado) pela mãe.

Após nove meses de trabalho, tivemos uma sessão que me pareceu significativa no que diz respeito à possibilidade de questionar a sua posição em relação ao desejo da família. Ele entrou falando que fora ao sítio no final de semana e que, quando foi acordar a irmã, que queria seguir dormindo, ela deu-lhe um soco. Disse que não revidou, já que se o fizesse a "desmontaria", mas reportou-se ao pai, esperando vê-lo muito bravo com a situação. Para sua surpresa, o pai apenas a repreendeu levemente. Falou que se fosse ele quem batesse ou xingasse alguém, o pai o crucificaria.

Perguntei como seria a crucificação, e ele respondeu que os pais diziam que ele ficaria igual aos irmãos da mãe. Falou que, por qualquer coisa que fazia de errado, eles ficavam falando muitas coisas, o que não acontecia com a irmã. Perguntei como ele estava entendendo aquilo, e ele disse que ainda não tinha conseguido entender, mas que achava que deveria ter algo a ver com "afinidade". Comentou que na sua casa ele sempre precisava ser o mais prestativo, e que ficava muito incomodado com isso, o que chamava de "dois pesos e duas medidas". O garoto precisava lavar todos os carros, tinha que pintar o portão e fazer as tarefas domésticas; os irmãos não faziam nada e não eram cobrados por isso.

Comentei perceber que isso o incomodava, mas que, por outro lado, ele deveria ter algum ganho com isso, já que aceitava continuar nessa posição. Marco brincou que se ele fosse o único que cuidasse dos bens, ele deveria receber maior parte na herança, mas que, como todos os três receberiam partes iguais no futuro, as tarefas domésticas também deveriam ser divididas.

Associativamente, Marco começou a falar que sua avó materna estava dividindo os bens com os filhos em vida e que parecia estar querendo favorecer um filho em detrimento dos outros. Perguntei por que ela faria isso, e ele disse que esse filho sempre foi o "queridinho". Falei que, tentando juntar o que ele falava no início da sessão, sobre ter que ser o mais prestativo, e o fato de a avó estar querendo beneficiar o "queridinho", dava para entender por que ele precisava ser o mais prestativo da família. Parece que teria uma esperança de ser o mais querido, de receber, mais do que a herança, o afeto do pai e da mãe.

Marco concordou, mas disse que em sua casa a avó paterna tinha sua irmã como a "queridinha", pois ela sofreu um aborto de uma menina no passado, e hoje trata a neta como a filha que ela perdeu. Comentou que, quando falava isso para o pai, ele dizia discordar, e que ele próprio preferia Marco. Marco dizia achar que, apesar de o pai dizer preferi-lo, ele devia gostar mais do filho mais velho, porque o tratava melhor. Pensava que o pai devia dizer isso para que ele continuasse fazendo as coisas de casa, pois ele ficava como um "escravo do pai", fazendo tudo o que ele pedia. Considerava a mãe "louca": uma hora estava "queridinha" com ele, na outra, não, e que, por isso, nem a levava muito em conta em termos afetivos.

Tratava-se de um menino que não conseguia deixar de almejar o lugar imaginário do preferido e, ao mesmo tempo, sentia-se muito ameaçado de perdê-lo, já que qualquer "deslize" o colocaria imediatamente igualado às figuras desvalorizadas dos tios. Sua única saída, a identificação maciça com o pai, cobrava um preço muito caro, uma vez que este cobrava sua *performance* e sua adesão às leis arbitrárias por ele propostas. Além disso, nessa relação "segura", não havia espaço para a sexualidade. Marco estava impedido de rivalizar com seu pai e também de voltar seus investimentos amorosos e agressivos para a "rua". Ele esvaziava a triangulação edípica possível em casa, destituindo a mãe do lugar de objeto de amor, dizendo tratar-se de alguém tão instável que não valeria a pena levá--la a sério.

Tudo o que aparecesse como expressão de sexualidade e virilidade era imediatamente significado como aproximação do modelo "vagabundo" de homem de sua linhagem materna. Era como se Marco precisasse, então, abrir mão destas saídas masculinas, como "jogar futebol com os moleques" e "ir a festas de balada", para aderir àquela apresentada pelo pai como segura e valorizada: o estudo.

Porém, Marco foi crescendo, e não era mais possível a contenção da sexualidade nesse nível até então empregado. A escola não impunha apenas a pressão da *performance* como aluno, mas também o colocava diante de exigências de um trabalho psíquico frente aos jogos amorosos. Surgem, nesse contexto, as crises pseudoepilépticas.

A forma de furtar-se ao poder soberano do pai e incluir a sexualidade sem perder seu amor foi a de adoecer. Essa era a única saída prevista pelos pais para que o mau desempenho escolar não o aprisionasse na imagem de fracasso como homem. E não era qualquer adoecimento: ele convulsionava, contorcia seu corpo em uma demonstração pulsional, que não podia ser negada.

Na medida em que as sessões foram transcorrendo, Marco passou a se questionar sobre seu lugar em sua casa e passou a conseguir formular algumas reclamações a respeito do pai. Marco, que encarava as orientações do pai como leis, começou a colocar suas próprias vontades nas sessões e, posteriormente, em casa. Inicialmente fazia coro à voz do pai, que o impedia de sair para jogar bola com os meninos. Dizia que era perigoso, e que os amigos moravam muito longe. Começamos a investigar mais sobre isso e sobre quais perigos poderíamos estar falando. Ainda colado ao discurso dos pais, dizia que não gostava dos "aniversários de baladas", pois sentia tonturas, vontade de sair do meio da pista, e isso não era para a sua idade.

Aos poucos foi possível operar um descolamento das vozes dele e do pai. Com isso, começou-se a incluir perguntas iniciadas na sessão e transpostas posteriormente para casa, as quais colocavam em dúvida a certeza de que a opinião do pai devia ser seguida como oráculo.

Paralelamente, outro modelo masculino ganhou espaço. O avô paterno, cujo estilo era bastante diferente de seu pai, representava igualmente alguém a quem ele poderia seguir. Dizia ser fascinado pelas histórias de guerra do avô, e contava sobre seus feitos heroicos. Também ele começou a apresentar seus pequenos feitos, e fui apresentada às histórias de um Marco que se mostrava forte entre os colegas, defendendo-os com sua astúcia das investidas de um grupo rival.

Suas crises cessaram, e Marco começou a reivindicar da família sua maior participação junto aos colegas. Ele não se sentia mais angustiado antes das provas e encontrou nas aulas um espaço para investimentos outros que não apenas o estudo. Passaram a surgir histórias de meninas e, principalmente, de cumplicidade entre os meninos. Ele passou a se aproximar dos colegas e a insistir com o pai para que o deixasse participar dos jogos de futebol na casa dos amigos à tarde. Isso o tornou incluído em sua turma de colegas.

Sem dúvida, estas mudanças foram trazendo mobilizações da família, que precisaram ser contidas por meio de um espaço de escuta. De tempos em tempos, eu marcava uma entrevista com os pais, algumas vezes por solicitação deles, sempre na presença de Marco. Esse manejo foi muito importante para que os movimentos de Marco fossem sustentados pelos pais. A angústia de que ele se tornasse "vagabundo" como os tios teve espaço para ser falada e contida, muitas vezes com dados de realidade, que mostravam que a história de Marco já era diferente da dos tios, e que ele merecia a aposta de que já era diferente deles.

Estabeleceu-se um bom vínculo também com a família e, certa vez, em uma conversa motivada pela preocupação dos pais por Marco não estar mais obediente, a mãe consegue formular uma hipótese que ajuda a liberá-lo: "Se bem que se ele continuasse tão obediente e bom menino ele não conseguiria se interessar por meninas, né?" Com a construção da mãe de que se não incluísse a virilidade Marco poderia ser homossexual, estava sendo aberto um caminho que o autorizava a dirigir-se para um masculino viril permitido pela mãe.

Nas últimas sessões, Marco falou muito sobre como se sentiu ajudado devido ao atendimento, e falou sobre o surgimento de uma nova demanda: agora se incomodava por ter dificuldade de falar em público, desejando conseguir apresentar trabalhos sem essa inibição costumeira.

Algumas articulações

O caso de Marco foi escolhido para ser apresentado porque ele foi um dos pacientes cujas crises deixaram os neurologistas em dúvida acerca do diagnóstico. Seu corpo tornou-se um enigma para os médicos até submeter-se ao exame do vídeo-EEG. Descoberta a não organicidade do problema, o enigma passou para o campo da Psicanálise, no qual Marco encontrou um espaço de escuta.

Foi pela via da escuta que algumas hipóteses diagnósticas foram fazendo-se presentes, agora no âmbito psicanalítico, no sentido de nortear o fazer clínico. Toda essa manifestação descrita, o modo como se apresentaram as relações edípicas e a saída sintomática de Marco pela via do corpo nos remetem às condições presentes na histeria tal como são apresentadas na obra freudiana. A triangulação edípica, a manifestação corporal e a posição subjetiva de Marco são coordenadas que apontam para a pertinência da categoria de histeria para o entendimento do caso e para o auxílio no manejo durante o atendimento.

O entendimento de Marco como um paciente histérico está apoiado menos em seus sintomas conversivos que em sua maneira de colocar-se em relação ao desejo de seus pais, mas eles parecem ter surgido como única forma de incluir a sexualidade numa história em que esta, em sua forma viril, era repleta de perigos.

As crises foram importantes para definir as articulações clínicas sobre o caso, mas não foi pelo simples convulsionar de Marco que o diagnóstico em Psicanálise foi estabelecido. Suas crises foram escutadas dentro do contexto de sua história singular, e a linha das identificações possíveis para esse menino foi uma ferramenta fundamental para o entendimento de seu padecer.

A convulsão, nesse sentido, mostrou seguir os moldes de um sintoma, tal como proposto por Freud. Ela surge frente a um conflito para incluir a sua virilidade diante de exigências pulsionais próprias da puberdade, sem um modelo identificatório que o assegurasse nessa tarefa. A convulsão, portanto, afasta-o dos estímulos externos que o inclinam ao jogo amoroso, mas, por outro lado, coloca a questão sexual na própria encenação da crise.

Constata-se, desse modo, que o recurso ao corpo não é ao acaso e, portanto, que a confusão entre os neurologistas sobre o que seu corpo manifestava não era um simples engano. Marco estava colocando sua questão e, nessa tarefa, encontrou uma equipe que lhe positivou que seu enigma era digno de ser escutado. A equipe, nesse caso, não dissolveu o enigma, mas o sustentou e o deslocou para um campo psíquico, dando ao paciente possibilidades de novas articulações.

A queda na repetição dos triângulos: o caso Denis

O paciente que chamarei de Denis é um homem de vinte e oito anos, sedutor, articulado e vivaz, que buscava agradar a todos e que facilmente se vinculou a mim e à secretária da instituição. Competitivo, norteava sua ambição pelo que seus amigos conquistavam e remetia-se a outros para saber o que desejava. Desde pequeno, Denis buscava sozinho suas conquistas, evitando depender de qualquer pessoa. Quando menino, ainda com cinco anos de idade, vivenciou uma mudança significativa em sua vida: seus pais se separaram e sua mãe saiu de casa, afastando-se do convívio de Denis sem lhe oferecer explicações para isso. Com a mudança, ele passou a morar com seu pai na casa da avó paterna, onde também residia o tio. Pouco tempo depois, seu pai envolveu-se em um novo relacionamento amoroso e passou a dispensar mais tempo à família da esposa que ao seu próprio filho. A partir de então, Denis cresceu criado pela avó e pelo tio – segundo ele, "pessoas daquelas que não se pode saber o que estão sentindo". Dizia que não se sentia sozinho, mas que cresceu acostumado a não compartilhar seus sentimentos e ideias com ninguém.

Com pouco mais de vinte anos, Denis conheceu sua primeira mulher, com quem se casou e teve sua primeira filha. Com o nascimento da filha, o casamento entrou em crise e ele afirma que o casal deixou de existir; ele e a mulher tornaram-se apenas pais. Mesmo antes dessa nova configuração (na qual saiu de cena o casal e restaram apenas os pais), a relação de Denis com sua mulher era abalada quando ela compartilhava da intimidade do casal com outros. Entretanto, quando a filha nasceu, tanto a relação com a mulher ficou abalada como o seu desejo passou a ser afetado.

Nessa época de crise no casamento, Denis conheceu aquela que viria a ser sua segunda mulher. Ele foi apresentado ao casal composto por ela e seu antigo marido, e supôs a felicidade desse casal. Dizia olhar para eles imaginando como seria bom se tivesse uma relação como a deles. Com isso, encantou-se pela mulher e a desejou para si. Desejava, na realidade, a felicidade que supunha haver no casal. Tempos depois, quando ambos estavam separados de seus primeiros companheiros, iniciaram um relacionamento que logo tornou-se um casamento.

Enciumada, a ex-mulher passou a dificultar o contato de Denis com a filha, a quem se dizia muito ligado. Quando em disputa judicial pelo direito de ver a filha, ele passou a ter crises, nas quais apresentava sintomas de enjoos e tonturas, similares aos de labirintite. Apesar dos contratempos, manteve-se bem no trabalho e contou com a ajuda da nova esposa e do pai para lidar com suas dificuldades de saúde.

Após o nascimento de seu primeiro filho com a segunda mulher, surgiu uma segunda época de crises. Era seu primeiro filho homem que nascia, e Denis passou a ter convulsões e desmaios frequentes. Buscava ajuda em hospitais, nos quais nada descobriam sobre seu padecimento. Aparentemente seus sintomas apontavam para epilepsia, mas os exames descartaram tal hipótese, e ele foi encaminhado para atendimento psicológico.

Dessa vez, Denis não se conseguiu preservar no emprego. As crises que inicialmente só o acometiam em casa, quando estava descansado, passaram a ocorrer no trabalho e a lançar reflexos em seu desempenho profissional. Denis foi afastado do trabalho para cuidar de sua saúde.

Em um âmbito familiar mais amplo, a revolução provocada pelas crises foi ainda mais impactante. Com seu padecimento, seus pais tiveram que se reaproximar; passaram a se falar e a falar do filho. Eles, junto aos avós, buscavam eventos de vida que o pudessem ter levado a tamanho sofrimento. Assim, Denis concluiu:

Teve um lado muito ruim de eu ter sofrido e a família ter sofrido por ver um membro da família sofrer, mas também eu fico impressionado com o bem que fez para a família. As pessoas começaram a conversar, tiveram que conversar.

Antes que o segundo casamento se tornasse igual ao primeiro, Denis optou por se separar, passando a residir com a mãe, e deixou a mulher grávida de mais um filho seu. Portanto, quando chegou para ser atendido, já estava afastado da empresa havia sete meses, separado da segunda esposa e morando com a mãe.

O trabalho com Denis avançou até um ponto muito incipiente. Tratava-se de um paciente que se propunha, pela primeira vez, a falar de si e de sua história e que, inicialmente, pouco desenvolvia seu discurso em associações e elementos novos. Chegou para atendimento com a hipótese de que o estresse estava causando suas crises e orientava sua fala para o relato de situações que o pudessem deixar estressado. De qualquer forma, tratava-se de um caso que me instigava intensamente e me colocava questões, motivo pelo qual o trago para discussão mesmo sem ter podido avançar significativamente em muitos pontos.

O primeiro elemento que despertou interesse foi a relação estabelecida por Denis entre suas crises e os eventos relatados por ele como marcos para o desenvolvimento das crises. Sem dúvida, são, de fato, demarcadores em uma história, momentos de intensidade particular, mas me interessou especialmente o nexo associativo articulado por Denis entre eles e suas crises. As duas situações relatadas eram momentos de intensidade afetiva envolvendo um casal e um filho. Mas o que isso poderia ter a ver com as crises?

Voltemos, então, com maior cautela, à ocasião de sua primeira crise. Separando-se de sua mulher e em disputa judicial pelo direito de ver a filha, Denis passa a ter náuseas e tonturas. Ora, essa situação de separação, torcendo-se as posições do triângulo, recoloca um drama familiar já vivido por ele em sua própria infância. Na primeira vez em que uma separação se deu, seu destino foi ficar com seu pai, afastado de sua mãe, e posteriormente foi deixado em função de um novo enlace amoroso do pai. Diante das triangulações, alguém é drasticamente excluído. Sua primeira crise aponta para um abalo na composição frágil de seus triângulos. Estava novamente ele excluído, impedido de se aproximar de alguém em função da rivalidade com seu par. Sua filha ficaria impedida de vê-lo e atualizaria um sentido de duplo abandono. Denis buscava apoiar-se no fato de que um dia a filha cresceria e entenderia que seu afastamento não fora intencional. O mesmo entendimento que racionalmente ele tinha em relação ao afastamento de sua própria mãe.

Vejamos o segundo momento de suas crises, em que elas passam a acontecer sob a forma de desmaios e convulsões. Aí novamente vemos a criação de um novo triângulo. Ele passa mal a partir do nascimento de seu primeiro filho com a segunda mulher e se pergunta o que o faria passar mal logo em uma situação que deveria ser de felicidade. De fato, há aí uma ambiguidade. Ele estava feliz com a chegada de seu filho, mas também se encontrava com o registro de que, com esse nascimento, haveria uma reestruturação no jogo relacional, cuja lógica anterior previa como consequência a exclusão de uma das partes. Passou a ter crises e com elas também seu casamento entrou em crise, sofrendo um abalo.

A primeira impressão ao escutar Denis falar de suas crises é de que ele as desafiava, assim como elas a ele, dando notícias de um conflito interno. Ele afirmava o quanto suas crises o queriam "brecar", e que todos pediam que ele diminuísse o ritmo de trabalho em função de sua saúde. Reclamava dizendo que não queria esta limitação, e que se as crises vinham para informá-lo de sua impotência, ele não as aceitaria.

Tratando de seus casamentos, a impotência igualmente surgia como tema. Ao longo do relacionamento, a atividade sexual ficava atrapalhada. No primeiro casamento, diz ter perdido a atração pela mulher a partir do nascimento da filha. Com a segunda, os problemas de saúde surgidos na ocasião do nascimento do filho também atrapalharam o exercício de sua potência como homem.

Os efeitos das crises e a maneira com que Denis lidava com eles também são elementos dignos de reflexão. Devido à doença inexplicável do filho, sua mãe parecia ter voltado a ocupar um lugar materno, reaproximando-se dele e levando-o para morar consigo. Já com o pai e o tio, estabeleceu-se um canal de conversa sobre "coisas de homens" e, pela primeira vez, os três passaram a compartilhar de suas intimidades, coisas que não compartilhavam com suas mulheres. Esse grupo de homens que surgia tinha para Denis uma importância significativa. Ficava a dúvida sobre que tipo de prazer era este. Parecia haver uma busca de identificação com esses homens, talvez algo não suficientemente realizado em sua história. Ao falar da cumplicidade com esses homens que dividiam coisas que não podiam ser divididas com mulheres, Denis parecia um menino tentando fazer a separação e delimitação entre o que é "de menino" e o que é "de menina".

Com tudo isso, ele pareceu ter encontrado um ganho bastante significativo com a crise. Nessa posição de doente cujo padecimento é um enigma, vemos Denis na condição de "sua majestade, o doente", cercado de cuidados e olhado por seus pais, buscando com eles um reinício. Considerando esse aspecto, surge a hipótese de que nesse novo investimento dos pais por ele fosse possível reconstruir algo que ficou fragilizado em sua história. A crise, portanto, além de uma reedição edípica, parece propor também um elemento novo de restituição de algo.

Sobre seu trabalho, Denis falava de sua rivalidade com os colegas e de seu esforço em descobrir os caminhos sozinho, sem pedir ajuda. Essa rivalidade, entretanto, ele buscava esconder, e se caracterizava como o "palhaço" entre os colegas, já que se esforçava em animá-los e fazer parecer que estava tudo bem. Desenvolveu a metáfora do "palhaço" dizendo que, com as crises, todos viram que "o palhaço também sofre". Dizia que, por um lado, foi bom, já que as pessoas demonstraram preocupação e carinho, mas, por outro, pareciam ter deixado de lhe confiar projetos importantes profissionalmente. Denis relatava também um desconforto ao ver aqueles com quem competia desejarem-lhe melhoras, como se ele estivesse saindo da disputa.

Desde o início do atendimento, Denis parece ter desenvolvido uma transferência na qual supunha em mim alguém que disporia de explicações a seu respeito e que, com minha presença, poderia garantir que tudo estaria bem. Essa aposta inicial fica evidente quando, já na segunda entrevista, Denis contou ter voltado a trabalhar após sete meses de afastamento.

A drástica mudança em sua forma de apresentação nas primeiras entrevistas também se mostrou um fator interessante. Na primeira entrevista, Denis veio de camiseta e bermuda, como um menino. Já na segunda entrevista, veio após seu primeiro dia de trabalho, e o impacto da mudança na apresentação pessoal foi marcante: estava de terno e gravata, com cabelo arrumado e usando perfume, demonstrando sua aposta em relação ao atendimento, que se apresentou tanto na confiança de retornar ao trabalho como nas perguntas endereçadas a mim sobre se ainda haveria a necessidade de tomar remédios.

Inicialmente, contudo, houve certa reserva em seu discurso. Denis não nomeava as personagens de seu relato e falava sobre tudo de maneira muito abrangente. Falava de si e de sua vida sem se ater a exemplos concretos que me permitissem uma brecha para "entrar". Isso se manteve durante o primeiro mês de atendimento, até que, em certa ocasião, enquanto falava do incômodo e da falta de confiança em relação às suas ex-mulheres, que contavam suas intimidades para familiares, ocorreu-me a possibilidade de o "Consentimento informado"[3], utilizado na instituição, deixá-lo inseguro com a possibilidade de exposição. Quando propus isso, ele respondeu que, com relação ao atendimento, era diferente, seu problema era quando suas questões eram contadas a seus conhecidos.

A partir daí se deu a primeira virada em seu atendimento. Na sessão seguinte, a quarta entrevista, Denis chegou bastante sedutor e, num movimento galanteador, ele colocou a mão no bolso e disse "trouxe um presentinho para você", tirando do terno um chocolate. Eu agradeci e perguntei o que lhe tinha ocorrido para trazer um presente. A resposta foi:

> Ah, não sei, a gente está conversando há quatro semanas, eu tenho vindo aqui, falado coisas importantes... eu tenho sentido aos poucos algumas mudanças em mim também fora daqui. Aí eu estava pensando sobre isso e pensei em trazer um chocolate.

Ele trouxe também, na mesma sessão, um segundo presente: pela primeira vez ele nomeou as pessoas que compunham o seu relato. Seria o chocolate um prêmio pela conquista de sua confiança? Ou seria uma conquista sua, algo que ele sentia

---

[3] Documento também conhecido como "Consentimento livre e esclarecido", no qual o paciente assina estar ciente e de acordo em participar de uma pesquisa.

ter adquirido e que poderia agora dar? Além disso, parecia claro, em sua postura corporal, um movimento sedutor de presentear-me galantemente quando completávamos um mês de atendimento. Provavelmente essas opções não fossem excludentes e compusessem, em parte, seu movimento.

Com sua maior vinculação, os elementos de sua história começaram a aparecer mais claramente e, na transferência, ia ficando perceptível seu interesse por impressionar-me positivamente. Esforçava-se por mostrar-se um bom pai e, nos relatos sobre suas preocupações com a filha, foi-se dando a ver uma identificação dele com a menina, e um esforço em provê-la daquilo que ele próprio sentia não ter tido. Esforçava-se bastante para ser um pai presente e cuidava para que a filha pudesse viver cada fase da sua vida a seu tempo.

A partir do trabalho terapêutico, abre-se espaço, então, para questionar a pressa que Denis parecia ter em relação à vida. Casou muito cedo, por duas vezes, em pouco tempo já tinha três filhos e começou a perguntar-se sobre o porquê disso. Passou a construir a ideia de que existiria alguma pressa de compor uma família, que ele mesmo não conseguia explicar. Essa pressa, de fato, chamava a atenção, pois mostrava uma ânsia por algo que nem ele entendia bem.

Aos poucos, começou a surgir uma mágoa em relação aos pais, que ficava encoberta pela fala de que "todos erram", ou de que "é preciso olhar o lado bom das coisas". Por sua história, Denis sentia que precisava ser autossuficiente, não sentia ter a garantia de ter com quem contar. Sua crise, entretanto, é algo que denuncia sua insuficiência e convoca seus pais a se ocuparem do filho e a participarem de sua vida, mesmo que rememorando. Rememorar, justamente, trazia palavras ao que nunca foi nomeado. É uma forma de resgatar o menino que ficou relegado ao segundo plano diante de uma briga de casal e uma maneira de colocar seu próprio enigma: o que, dentro de mim, fez com que meus pais se afastassem? Trata-se, de fato, de buscar uma resposta que ele queria que fosse formulada em família, e que, revisitando essas marcas, os pais pudessem responsabilizar-se por elas.

A possibilidade de as crises serem emocionais já havia sido aventada em família, mesmo antes do resultado do exame confirmar a hipótese. Foi possível então propor uma mudança no estatuto da crise, não mais aquela falada pelos médicos, mas uma crise pessoal. Para essa crise intrapsíquica não haveria mesmo um remédio em farmácias. Tratava-se de uma crise que invocava seus pais e os questionava, fazendo-os falar. Com as crises havia, portanto, a possibilidade de reconstrução de uma história. Tratava-se de um enigma a ser desvendado, mas não pelos médicos: era um quebra-cabeça familiar.

Tanto em relação ao trabalho como na relação com a filha, Denis foi ocupando suas sessões falando do sofrimento que experimentava quando apareciam suas falhas. Sentia-se envergonhado e desmoralizado nessas circunstâncias. Ao tratar sobre angústias do trabalho, começou a aparecer sua fantasia de que suas limitações aparecessem e isso o desmoralizasse. Disse:

> Eu terei que apresentar um projeto na minha empresa em outro estado, e eu estou angustiado com isso. Eu fico achando que vai chegar na hora e eles vão fazer aquela pergunta óbvia e que eu não tinha visto, o que vai mostrar um furo no projeto.

Conseguia lembrar-se dessa mesma angústia vivenciada quando apresentava seminários no colégio ou na faculdade. Essa sensibilidade grande em relação à constatação de suas falhas é um ponto bastante significativo na história de Denis, experimentada com frequência em relação à filha e a suas impossibilidades de satisfazê-la. Fica evidente a equação estabelecida por ele entre falha e desvalor. Certa vez, falou com forte sentimento de um concurso em que a filha perdeu porque eles, como pais, não realizaram o que era necessário. Contou que não se esforçou porque a ex-mulher disse que a menina não queria ganhar o concurso, o que se mostrou não ser verdade, e isso disparou em Denis um sentimento de falha muito grande como pai diante da filha.

Como filho, algumas associações sobre suas vivências infantis foram desencadeadas pelo uso de um filme, trazido por ele como exemplo em uma sessão. Em determinado momento, dizendo de sua necessidade de ficar sozinho em certas situações de sofrimento, Denis usou o exemplo das tartarugas do filme *Procurando Nemo*, que se retiravam do bando. É interessante o aproveitamento do filme trazido para a sessão, como um sonho, em que ao mesmo tempo em que ele é a tartaruga, pode também ocupar outros papéis. Sua associação inicial ao filme o coloca na posição da tartaruga que se retira. No entanto, o maior sofrimento em sua história parece ser o fato de Denis ter sido marcado pela retirada de outra pessoa: a mãe (e, posteriormente, o pai). Quando reclama da ausência dos pais em sua infância, não se trata de um momento ativo de retirada dele próprio. Minha hipótese é de que essa foi uma inversão posterior de posições.

A história do Nemo inicia justamente quando ele se separa da mãe, que morre, e passa a viver com o pai, de quem, em determinado momento da vida, se perde. Conversamos sobre a história e, por meio da história de Nemo, foi possível tocar em pontos sensíveis, como a falta que faz uma mãe para uma criança e a maneira pela qual o pequeno peixe se sentiu desamparado ao perder também o pai. Comenta que, apesar de parecer independente, Nemo ainda precisava muito do pai.

Durante a maior parte de nosso trabalho juntos, Denis assumia uma posição queixosa em relação aos pais, culpando-os por seu sofrimento e em conflito por culpá-los. A mãe de que ele se queixava era aquela de sua infância, da época da separação, já que no dia a dia, morando com ela, ele não experimentava desconforto algum. Chamava atenção a tranquila convivência dele com a mãe, já que em seu discurso sobre sua vida antes das crises Denis a descrevia quase como uma desconhecida.

Já em relação ao pai, havia queixas sobre sua forma de relacionar-se e de aproximar-se do filho. Denis se incomodava com o esforço exagerado do pai em recuperar o tempo perdido, mostrando rancor em relação aos interesses do pai pela família da mulher com quem casou após separar-se de sua mãe. Dizia de sua vontade de falar desses incômodos para o pai, mas que "se segurava" para não machucá-lo. Era como se ele quisesse cobrá-lo por sua traição, mas não tivesse segurança de que a relação aguentaria.

Colocava-se, então, uma questão no espaço analítico: por que será que Denis tinha essa ideia de que suas palavras teriam o poder de machucar o pai? Questionei-o sobre o porquê disso, e ele falou do medo que tem de suas palavras. Falamos sobre a potência dessas palavras para destruir e sobre o medo que ele tinha de culpá-los. Esse aspecto confirmou-se significativo pela falta de Denis à sessão seguinte àquela em que o tema foi tratado. Ele disse ter-se esquecido de vir, o que dava notícias do quanto era temida essa aproximação com aspectos de ódio em relação ao pai e do quão sensível ele devia sentir-se a essa relação, a ponto de ficar intensamente ameaçado com o poder de suas palavras.

Em relação à mãe, apesar de poucas reclamações serem direcionadas a ela, chamava a atenção que muito das sessões de Denis eram ocupadas por reclamações sobre suas ex-mulheres. Poderíamos entender que nesse conjunto chamado por ele de "ex-mulheres" se incluísse também a sua mãe, a primeira das mulheres, cujo casamento desfeito ocasionou uma separação em relação a ele. Essas mulheres, todas transformadas em mães por uma pressa em constituir família que Denis não podia explicar, despertaram nele o mesmo motivo de queixa: traíam sua confiança. Por essa repetição, é possível supor que, na relação com as ex-esposas, houvesse uma busca incessante de Denis pela figura da mãe, que se mantinha tão enigmática para ele.

Ao mesmo tempo, é nesse momento de transformação da parceira, nessa passagem de mulher para mãe, que a potência de Denis se via travada, fosse pela crise, fosse pela falta de desejo devido à exclusiva identificação do casal ao papel de pais.

Esse jogo entre potência e impotência tinha significado especial para Denis. Oscilava entre momentos em que se sentia onipotente e outros em que qualquer falha o fazia pensar que nada podia. Quando reclamava de suas limitações por conta das crises, dizendo não querer essa impotência, Denis colocava em dúvida o tamanho de sua potência, evidenciada nas oscilações transferenciais em que se colocava ora como menino, ora como homem. Apesar dos relatos que revelavam seu posicionamento sedutor – também exercitado, algumas vezes, na transferência comigo –, sua alusão às crises usando expressões como "me breca" ou "me trava" abre a perspectiva para questionarmos o que era travado. O que parecia ser travado era justamente sua potência. Mas por quê?

Foi numa tentativa de encontrar um modelo de felicidade conjugal e de masculinidade que Denis parece ter-se aproximado do casal composto por sua futura segunda ex-mulher e pelo antigo marido. Supunha a felicidade ali e desejava que aquela mulher fosse sua. Quando essa relação de fato se concretizou, faltou algo a esse novo casal, que podemos supor ter sido o "marido". Quando via no antigo casal algo que desejava, seu interesse não se restringia à mulher. O homem não era, portanto, um mero empecilho ante a realização de seu desejo. Sua presença parecia indicar-lhe algo sobre o masculino e apontar-lhe a direção do desejo. Na bibliografia psicanalítica encontramos esse elemento bastante trabalhado pelos psicanalistas no famoso "Caso Dora", de Freud (1905/2003a). Ao acompanharmos o caso, vemos a identificação de Dora com a Sra K., e podemos perceber a importância dessa figura na relação triangular entre elas e o Sr K., objeto de desejo de Dora. Quando esse último deixa a mulher em casa para se encontrar com Dora, ele causa na menina uma reação negativa. A Sra K. não era um simples detalhe na relação de desejo pelo Sr. K. Era ela quem apontava a Dora o caminho de seu desejo e de como ser mulher. Com Denis parece ter acontecido um processo parecido, no qual a ausência do marido mudava a configuração triangular que lhe apontava o desejo.

Aproximamo-nos, então, do que entendo serem duas das dificuldades centrais de Denis: sustentar-se na posição viril, por um lado, e, por outro, aceitar suas falhas sem tomá-las como desvalor. Tais dificuldades, duas faces de uma mesma moeda, compõem a trama psíquica do paciente. Havia um grande impedimento para ele manter uma relação de homem com uma mulher, já que sua identificação masculina ficou atrapalhada. Em seu discurso sobre a crise, no qual falava de fraqueza, "cair" e ficar "ruim de cama", podemos conceber uma alusão à falha durante o ato sexual, confirmada pelos relatos sobre a relação com a primeira mulher.

Alguns meses antes do encerramento do atendimento comigo, Denis teve uma "recaída" após muitos meses sem crise. O que chamou atenção nesse episódio é que ele ocorrera após sessões em que falava de sua segunda mulher e de dúvidas sobre voltar com ela. Ele relembrava sua história com ela, e falava do quanto supunha, ao olhá-la com seu ex-marido, uma relação feliz que ele também poderia ter se tivesse aquela mulher. Quando voltou na semana seguinte, bastante angustiado por ter tido a crise após tanto tempo sentindo-se bem, ele falou: "eu juro que não entendi o que foi que aconteceu, por que foi que eu adoeci. Adoeci não, por que foi que eu tive essa recaída".

"Recaída" também é o termo que ele usava quando se referia a retomar a relação com a ex-mulher. Ele falava de uma recaída pela ex-mulher, dizendo ter conseguido evitar, mas essa recaída amorosa não apareceu em sua associação a respeito da recaída de saúde.

Falou da sensação de ter dado um passo atrás e da irritação de ter que voltar a tomar o remédio. Disse que estava tudo bem e que não acreditava que agora iria ficar "ruim de cama" por emoções boas. Essa construção dúbia apontou para algo ligado à sexualidade. Procurei resgatar o outro sentido de "recaída", e Denis contou-me que achou que queria voltar para a ex-mulher, mas que, ao vê-la acreditar nas fofocas das amigas, percebeu que foi melhor não ter agido por impulso. Falou que as amigas inventaram uma possível traição conjugal de Denis, que ele disse nunca ter existido. Mostrava-se, aí, uma maneira curiosa de lidar com essa frustração: ele não buscou explicar a verdade e simplesmente afastou-se da mulher, concluindo que seria melhor assim.

Apareceu então a frustração, que não havia aparecido nas sessões anteriores, quando falou de sua desistência de reatar o casamento. Essa recaída, portanto, parece não ter sido evitada realmente. A recaída já tinha acontecido: ele já tinha desejado novamente a mulher. No entanto, afastou-se dela, mantendo seu desejo insatisfeito e perpetuando suas reclamações endereçadas a ela.

Já no final do processo, quando eu trazia a proximidade do encerramento de nosso atendimento, Denis voltou a falar de sua ex-mulher e contou de sua reaproximação com ela. Parecia querer mostrar estar pouco ligando para o meu afastamento, já que seus olhares se voltavam para uma reaproximação conjugal. Transferencialmente, fui percebendo a triangulação que Denis estabelecia entre ele, a ex-mulher e eu, e um mês antes de nosso encerramento, ele próprio se antecipou e disse que, por questões de trabalho, ele precisaria interromper antes.

Essa triangulação era criada por ele nos diferentes âmbitos da vida: junto às mulheres, no trabalho, entre o pai e a madrasta e nas lembranças infantis da separação dos pais. Em relação à cena da separação dos pais, muito trazida durante todo o processo comigo, chamava atenção o quanto ele a utilizava para justificar seu jeito de ser e, apesar disso, não conseguia desenvolver associações. Tratava-se de uma história nunca contada por seus pais, algo não falado. Dava a impressão clínica de que era uma cena rica em sentido, mas Denis não compartilhava as fantasias envolvidas.

Este foi um ponto bastante trabalhado com Denis. Ele utilizou o espaço clínico como primeira oportunidade de reconstruir em palavras a sua história, que antes tentava ser reescrita no sintoma. Parecia haver uma falta de palavras para algumas situações e, dentre elas, a triangulação se mostrava a mais grave.

Era justamente nas ocasiões em que um triângulo familiar tão intensamente buscado se completava que Denis era acometido por crises. Suas crises surgiram nessas situações triangulares, repetindo a exclusão de um dos termos, mas ao mesmo tempo evidenciando a falta de outros recursos para lidar com tais situações. Com as crises, ele reproduzia plasticamente essa exclusão: ele se retirava. Ele mesmo caía, antecipando a queda.

Suas crises pseudoepilépticas, nesse sentido, adquiriram em parte os pressupostos de um sintoma que tem, de um lado, um sentido oculto, e, de outro, um silêncio que remete à sua falta de palavras para dar conta da triangulação que o empurra à repetição sem questionamento. Reconstruir o triângulo pai, mãe e filho e excluir-se dele pela crise parece ser a saída que Denis encontrou para seu conflito psíquico, saída que a ele se apresenta como solução toda vez que suas condições de vida o remetem àquela primeira experiência edípica infantil.

Assim, é válido ressaltar que as crises pseudoepilépticas entram na história de Denis engendrando-se em uma dinâmica antiga. Essa foi a manifestação que permitiu o encaminhamento do paciente para atendimento, mas, mesmo após o cessar de suas crises, ainda conseguíamos escutar em seu discurso o posicionamento histérico em relação a seu desejo, de desviar-se do que deseja e de queixar-se de suas infelicidades como advindas de outro.

Denis tinha dificuldades em fazer escolhas, não sabia o que desejava. Ele repetia a busca por mulheres, com as quais logo casava e tinha filhos, sem se perguntar se era o que queria. Estava tão atento ao que o outro desejava dele e ao que o outro encontrava como felicidade que não conseguia, ele próprio, ocupar-se de seu desejo.

Com o trabalho, Denis passou a ensaiar um intervalo na repetição para escutar aonde indicava seu desejo. Num primeiro momento, por exemplo, quando começou a anunciar uma possível inclinação para uma "recaída" em relação à segunda esposa, mais um sintoma conversivo se apresentou: ele perdeu a voz, como se não podendo enunciar algo. No entanto, aos poucos, Denis foi-se aproximando de sua história com ela, revisitando seus sentimentos iniciais e conseguindo sustentar, pouco a pouco, sua escolha por retomar a relação.

Casos singulares, uma hipótese em comum

Marco e Denis vêm mostrar, cada um a seu modo, a expressão no corpo de padecimentos psíquicos ligados às saídas edípicas. No caso Marco ficaram evidentes a luta do menino por uma identificação masculina que não o aprisionasse no modelo paterno, que excluía a virilidade, e a formação do sintoma como uma solução de compromisso que respondia a esse conflito. Está presente, também, o modo de relação que estabelecia em relação ao desejo de seus pais, que o impedia de reconhecer e buscar seus próprios desejos.

Já no caso de Denis, podemos ver a posição ao mesmo tempo queixosa e sedutora ocupada por ele em suas relações, a repetição da triangulação edípica e a "queda" do paciente quando tal configuração é remontada. Denis nos apresenta a dor de não poder sustentar sua potência e o sofrimento sempre referido ao outro. Nesse caso, podemos ver o esforço por encontrar modelos de felicidade, sempre supostos no outro. É no outro também que estava suposta a razão de sua infelicidade.

Tais elementos apresentam dois casos bastante diversos entre si: são pacientes cujas histórias são singulares e, portanto, incomparáveis com quaisquer outras histórias. No entanto, esses elementos destacados de ambos os casos fazem pensar no diagnóstico de histeria e, por isso, justificam um esforço teórico, que será cumprido no capítulo seguinte, de se revisitar a histeria.

2.
REVISITANDO A HISTERIA

O contexto histórico

Onde estão as tão famosas histéricas de outrora? Para ensaiar uma resposta a essa pergunta tão frequentemente formulada pelos estudiosos da alma humana, torna-se inevitável empreender uma caminhada em retrospectiva na história, revisitando questionamentos já propostos em épocas bastante distantes.

Optarei por usar como ponto de partida o próprio nome dado a essa afecção. A denominação "histeria" remete ao útero e está ligada à antiga ideia de que a patologia assim nomeada teria sua origem relacionada a um deslocamento do útero. Trillat (1991) afirma que, desde a Antiguidade, por volta de 2000 a.C., vigorava uma crença de que o útero seria um organismo vivo, análogo a um animal, com autonomia suficiente para deslocar-se pelo corpo humano.

Quando, em 1888, Freud fala sobre essa denominação, provinda dos primeiros tempos da Medicina, comenta que ela estava relacionada a um preconceito, apenas superado em sua época, de que a histeria estaria relacionada a afecções do aparelho reprodutor feminino (1888/2003).

Essa crença sobre a influência do útero nessa condição psíquica implica a consideração da histeria como uma patologia exclusivamente feminina. Essa ideia só passou a ser questionada quando se deixou de atribuir à matriz essa importante função etiológica.

A "sufocação da matriz", como a posterior histeria era chamada na Antiguidade, era tratada com a aplicação de odores agradáveis sobre a vulva por fumigação, com o objetivo de atrair o útero para baixo, e com a inalação de odores desagradáveis, que o repeliam da parte superior. Apesar de parecer descabida aos olhos dos cientistas atuais, a terapêutica adotada na época estava congruente com a visão corrente a respeito do problema.

Segundo Trillat, Hipócrates, no tomo VII de suas *Obras completas* (*apud* Trillat, 1991, p. 18), consagra 250 páginas às chamadas doenças das mulheres num tratado de ginecologia que denota uma atenção constante e até mesmo simpatia e carinho para com essas mulheres. A palavra "histeria" não está presente em nenhuma parte dessa obra, mas é acrescentada por Littré, em sua tradução para o francês, todas as vezes em que Hipócrates escreve um parágrafo sobre a sufocação da matriz. O autor entende o deslocamento do útero como resultado da ausência de relações sexuais ou em função da idade, situações que deixariam o útero mais leve, ressecado, e favoreceria que ele subisse em busca de fluidos. Essa necessidade seria atendida quando o útero encontrasse o fígado, mas isso causaria uma sufocação súbita, que faria com que a mulher revirasse os olhos, salivasse e rangesse os dentes. O tratamento preventivo consistia no casamento, para as meninas solteiras, e no coito ou na gravidez, para mulheres casadas e viúvas, o que umedeceria e manteria a matriz em seu lugar.

Considerada sob esse viés, a doença claramente estava colocada no campo de estudo da ginecologia. A História mostrará que essa clareza em relação à ciência detentora do domínio de estudo dessa patologia se tornará, a partir daí, cada vez mais incerta.

Já na Era Cristã, inicia-se, na Europa da Idade Média, a caça às bruxas. Entendia-se por bruxa alguém que deliberadamente havia firmado um pacto com o diabo, colocando-se a seu lado. Nessa época, os casos hoje entendidos como histeria, em que o corpo padece sem qualquer explicação orgânica, eram entendidos como bruxaria. Para esse caso, não poderia existir outro "tratamento" que não a fogueira.

Freud (1888/2003) afirma que, na Idade Média, a histeria desempenhou um papel histórico-cultural significativo, apresentando-se como epidemia e constituindo-se fundamento real da história das possessões demoníacas e da bruxaria. Segundo ele, documentos daquela época atestam que a sintomatologia histérica não apresentava alteração alguma até o século XIX.

Trillat (1991) faz uma importante crítica sobre a colocação, comum em muitas obras sérias, de que muitas histéricas foram queimadas vivas na caça às bruxas. Sua ressalva alerta-nos de que as bruxas foram queimadas enquanto bruxas, e não enquanto loucas ou histéricas, não sendo possível transpor para a época os conhecimentos que só foram desenvolvidos no século XIX.

Lições da Salpêtrière

No final do século XIX, Charcot e seus alunos desenvolveram uma pesquisa histórica mostrando que os casos de possessão e convulsão de outros tempos eram bastante semelhantes aos que se encontravam na Salpêtrière. Ele buscava demonstrar que a histeria era a mesma em toda a parte e, para provar que não se tratava de uma doença da era industrial, estudou obras pictóricas de épocas anteriores, reencontrando a histeria, por exemplo, nos êxtases e possessões demoníacas (Roudinesco, 1989).

O interesse histórico de tal pesquisa é seguro, mas não desinteressado, uma vez que respondia à escola de Nancy, que afirmava que a "Grande Histeria" seria um produto da Salpêtrière. A pesquisa provava que a histeria não havia aguardado a chegada de Charcot para nascer (Trillat, 1991). A rivalidade que permeava as relações entre a escola de Nancy e a Salpêtrière é bastante conhecida, e será mais bem abordada mais adiante, neste capítulo.

Compartilhando desta crença na existência anterior da histeria, Freud (1888/2003) comenta que as histéricas, que na Idade Média foram consideradas possuídas, na época moderna eram consideradas indignas de observação clínica, uma vez que seu estado era tratado como uma mera simulação ou exagero. A apreciação e inteligibilidade da histeria só foram possíveis a partir dos estudos de Charcot e dos trabalhos da Salpêtrière.

Jean-Martin Charcot nasceu em Paris, em 1825, e toda a sua carreira de clínico se deu na Salpêtrière. Nessa instituição, os epilépticos e histéricos eram hospitalizados junto aos alienados, até que a administração decidiu separá-los entre alienados e não alienados, entregando a Charcot os cuidados do chamado "setor dos epilépticos simples", que comportava aqueles que tivessem crises convulsivas, incluindo histéricas (Trillat, 1991).

Essa nova separação, que reunia histéricos e epilépticos por seus sintomas análogos, afastando-os dos alienados, e a sustentação do caráter autêntico da histeria por parte do mestre, cuja autoridade favoreceu que se devolvesse a dignidade à histeria, levou Freud a comparar a atuação de Charcot à revolução de Pinel, em seu ato libertador (Freud, 1893/2003, p. 20).

A princípio, Charcot retornou à teoria uterina, observando que a região ovariana das histéricas era sensível à pressão, estabelecendo uma relação entre as manifestações histéricas e o ovário. Charcot relembrou que, no século XVII, utilizava-se da compressão do abdômen para conter acessos convulsivos, o que provava tratar-se de convulsões histéricas (Trillat, 1991).

Em "Grande histeria ou histeroepilepsia", Charcot (1888/ 2003) leva uma paciente histérica para a sala de aula e demonstra suas teorizações aos alunos. Ele afirma que existe uma enfermidade que se inicia com um ataque epileptoide bastante parecido com o verdadeiro ataque epiléptico chamada histeroepilepsia. Ao pressionar a região ovariana da paciente e fazer interromper o ataque, Charcot comprova uma importante diferença que, segundo ele, existiria entre a histeroepilepsia e o verdadeiro ataque epiléptico, caso em que nada aconteceria mediante tal pressão.

A partir da leitura de Charcot, muitos médicos norte-americanos passaram a extrair o útero de pacientes histéricas, entendendo que assim cessariam as crises (Charcot, 1888/2003). Charcot exime-se da culpa de ter influenciado tais médicos, dizendo que jamais anteciparia nada que não fosse experimentalmente demonstrável.

Foi justamente Charcot (1887/2003) que, mais adiante, conseguiria provar a existência da histeria em homens, já suposta por outros autores antes dele (*apud* Roudinesco, 1989). A partir de então, o divórcio entre o órgão e a patologia foi inevitável.

Nessa ocasião, o uso da hipnose voltou com toda a força, reintroduzida nos círculos científicos por meio da autoridade de Charcot. Até então, essa prática restringia-se a magnetizadores ou médicos aventureiros (Trillat, 1991).

Anunciaremos, então, algumas das contribuições de Charcot à problemática da histeria. Contribuições cujo conjunto é de valor inestimável. Foi de Charcot o mérito de retirar da esfera pejorativa um quadro sintomático considerado até então como consequência da ociosidade dos genitais e dar-lhe o estatuto de uma doença como outra qualquer. Ao fazê-lo, liberou a histérica do estigma da simulação, mas a inscreveu no discurso médico.

Em seu trabalho clínico, Charcot destacou a "Grande Histeria" como quadro completo da histeria, e dedicou-se à demonstração, descrição e classificação das manifestações histéricas tanto em mulheres como em homens e crianças. Interessado pelo estudo das formas de perturbação da sensibilidade, Charcot foi levado ao estudo de contraturas e paralisias, além das zonas histerógenas, consideradas pontos do corpo capazes de desencadear ataques e distúrbios motores e visuais.

Na ala de Neurologia da Salpêtrière, onde era chefe, Charcot recebia muitos pacientes cujos sintomas orgânicos eram refratários à aferição por qualquer exame médico disponível. Isso o levou à utilização da sugestão hipnótica como método para a diferenciação entre os pacientes histéricos e os portadores de doenças orgânicas. Esse método removia os sintomas e, paralelamente, acreditando na veracidade desses sintomas, Charcot afirmou que tais pacientes não agiam por simulação (Goldgrub, 1988).

Essa afirmação, aparentemente simples, é portadora de uma contribuição muito significativa: ela traz dignidade à histeria. Este era o objetivo de Charcot com o emprego da hipnose: utilizá-la como instrumento para fundamentar sua doutrina na batalha para dar à histeria o estatuto de doença autêntica

(Roudinesco, 1989). Esta é também a posição de Antônio Quinet (2003), em sua apresentação ao livro de Charcot intitulado *Grande histeria*. Quinet destaca que, com sua forma de proceder, Charcot eleva a histeria ao mesmo patamar de verossimilhança e interesse que qualquer outra doença, já que mostra que esta tem, igualmente, suas leis e regras.

Charcot se empenharia em diferenciar a histeria da epilepsia, considerando não haver dúvidas da semelhança existente entre as duas em relação aos seus inícios brutais, desmaios e amnésias, mas afirmando que a histeroepilepsia pertence inteiramente à histeria. Nela, diferentemente da epilepsia, é possível que a crise seja desencadeada por fatores externos, além de que seus movimentos possuam gesticulação ampla, lenta e majestosa, ao contrário da epilepsia, na qual a movimentação se apresenta rija, seca e entrecortada (Trillat, 1991).

Charcot utilizava-se da hipnose para provar a diferença entre a epilepsia e a histeria, uma vez que nesta os sintomas seriam mutáveis por sugestão hipnótica. Para essa demonstração, Charcot valia-se de suas pacientes, sugerindo por hipnose que seus sintomas se invertessem, o que provava aos alunos a eficácia da sugestão em estados alheios à consciência.

Nas famosas aulas proferidas por Charcot na Salpêtrière, muito bem retratadas no quadro de Brouillet, *A lição clínica na Salpêtrière*, que posteriormente ocupou uma das paredes da casa de Sigmund Freud, o professor, buscando provar seus experimentos, colocava as histéricas em verdadeiros palcos, nos quais elas encenariam aos alunos sua dor por meio de sintomas publicamente expostos e modificados. Isso levou a ciência oficial da época a afirmar que as pacientes de Charcot eram excelentes atrizes, e que seu mestre fabricava a doença, assim como um mágico retirava coelhos da cartola.

Fiel à sua formação médica, Charcot tinha como hipótese para a histeria a ideia de que esta seria resultado de um comprometimento do sistema nervoso. Ele falava em uma "lesão dinâmica", nos casos de histeria, em oposição às lesões anatômicas, e esperava que um dia a causa anatômica fosse encontrada.

É verdade que Freud o escutou dizer que, na histeria, "c'est toujours la chose génitale"[1] (Charcot, *apud* Freud, 1914/2003, p. 13), mas este não foi o caminho escolhido por Charcot para compor sua teoria sobre a origem da histeria. Com o retorno ao hospital dos pacientes recém-curados por sugestão hipnótica com os mesmos sintomas anteriormente apresentados, Charcot estruturou a hipótese de que haveria um problema neurológico causador da histeria e que ele seria degenerativo (Goldgrub, 1988). Segundo Freud (1893/2003b), Charcot considerava como única causa da histeria a herança desencadeada pela ação de agentes provocadores.

Nessa teoria puramente médica, há pouco espaço para outros fatores que não sejam os orgânicos. É certo que Charcot considerava o evento traumático do ambiente, mas este foi tratado como um agente provocador. Em seu texto intitulado "Charcot", Freud (1893/2003b) afirma que a histeria era

---
[1] Traduzindo livremente: "É sempre a coisa genital".

entendida pelo mestre francês como uma forma de degeneração, um dos membros da *famille névropathique*. Sua fórmula para a histeria era simples: a herança seria a única causa.

Em sua descrição a respeito da histeria, Charcot utiliza o adjetivo "traumático", e o acontecimento desagradável ocorrido, seja ele doença, acidente ou morte de entes queridos, por exemplo, ameaçaria diretamente a integridade do atingido. A histeria poderia ser compreendida, então, como uma reação exagerada a um evento banal, que nada semelhante teria acarretado em alguém sem tal predisposição patológica (Goldgrub, 1988).

A Escola de Nancy

Em Nancy, opondo-se aos estudos desenvolvidos na Salpêtrière, Bernheim afirmava que as manifestações da "Grande Histeria" eram resultado da sugestão de Charcot, que seria o seu inventor. Segundo Bernheim, a sugestão poderia tanto fazer desaparecer o mal quanto provocá-lo.

A Escola de Nancy criticava o mestre parisiense acusando-o de atentar contra a dignidade do enfermo. A preocupação em Nancy residia no cuidado com os doentes. Nesse ponto, vale ressaltar o que Quinet (2003) destaca em sua apresentação ao livro de Charcot. O interesse do mestre em Paris não era propriamente etiológico ou terapêutico, mas nosológico e descritivo. Ele não estava, de fato, ocupado com o tratamento do enfermo, pois sua contribuição construía-se por outro lado.

Para Bernheim, a sugestão era a prova do caráter "psicológico" e "relacional" das afecções nervosas, e a hipnose levava ao aumento da sugestionabilidade. Para esse mestre da Escola de Nancy, as pacientes da Salpêtrière só manifestavam aqueles fenômenos por tê-los visto serem realizados por outras pessoas, ou por terem ouvido falar deles. Estavam, portanto, sob influência, tendo sido a ideia do fenômeno introduzida em seu cérebro via sugestão. Para a Escola de Nancy, a hipnose de Charcot era, assim, um hipnotismo da cultura (Roudinesco, 1989).

Já Charcot, na tentativa de dar à histeria o *status* de doença autêntica, não conseguiu fazer a relação entre a cura "milagrosa" que via em suas pacientes e o caráter puramente psicológico da histeria. Para ele, a eficácia da sugestão estava somente em validar a existência da histeria (Roudinesco, 1989).

Bernheim, portanto, também exerceu uma influência importante no jovem Freud, já que apontava para um princípio de tratamento psicológico da histeria.

Silvia Alonso e Mario Fuks (2004), em seu livro *Histeria*, brindam-nos com uma excelente exposição das posições de Charcot e Bernheim:

> Apesar das diferenças de perspectivas teóricas as duas escolas convergiam no instrumento usado para a investigação: a hipnose. Para Charcot, a sugestionabilidade na histeria era conseqüência da lesão provocada por um trauma mecânico, e a hipnose lhe servia para aprofundar suas pesquisas. Para Bernheim, a histeria era produzida pela sugestão e podia ser curada pela hipnose. (Alonso; Fuks, 2004, p. 38)

Nancy também se opõe a Paris do ponto de vista político, uma vez que é prioritariamente uma sociedade conservadora, militarista e clerical, enquanto Paris está imersa em uma corrente "progressista", antimilitar e anticlerical (Trillat, 1991).

Em meio a esse conflito, Pierre Janet pretendia abrir uma terceira via, inspirada nas ideias de Charles Richet (1850-1935), propondo-se a estudar em si mesmo o hipnotismo e a sugestão com o intuito de entender suas leis psicológicas. Janet foi um dos discípulos de Charcot que se esforçou em precisar o mecanismo dos comportamentos histéricos e sua respectiva degeneração. Para Janet, o erro de Charcot estava na tentativa de aplicar à histeria e à hipnose os mesmos procedimentos de estudo utilizados na Neurologia (Trillat, 1991).

Janet foi contemporâneo de Freud. Enquanto o primeiro alocou a histeria em uma teoria completamente elaborada desde o início, em 1889, e sem alterações durante vinte anos, Freud desenvolveu uma teoria não cristalizada, que caminhava junto à clínica, e que, por conseguinte, evoluiu conforme suas descobertas (Trillat, 1991).

Freud e a histeria

Foi enquanto Sigmund Freud ainda trabalhava no laboratório de Brücke que ele conheceu Josef Breuer, importante nome na história da Psicanálise. Freud (1925/2003b) comenta tratar-se de um homem quatorze anos mais velho e de inteligência singular, com quem logo desenvolveu uma relação de amizade e intimidade e de quem recebeu auxílio em situações difíceis da vida.

Antes da viagem de Freud a Paris, que aconteceria em 1885, Breuer lhe contou sobre uma paciente histérica, atendida por ele de uma forma bastante particular, no período entre 1880 e 1882. Essa paciente, de inteligência e dotes incomuns, consagrou-se posteriormente na literatura sob o nome de Anna O.

A marca deixada no jovem Freud por este relato terá reflexos posteriores. Enquanto o objetivo de Charcot não era terapêutico, o tratamento empreendido por Breuer a Anna O. provava antecipadamente que o prognóstico pessimista de Charcot acerca da histeria estava equivocado. Ela era, sim, tratável.

Freud esteve em Paris, no hospital de Charcot, do outono de 1885 até 1886. Sua viagem tinha por objetivo prosseguir em seus estudos em Neurologia, mas a descoberta da histeria, e principalmente de Charcot, causara-lhe profunda impressão[2].

Enquanto criava e eliminava sintomas por meio da palavra, Charcot demonstrava que os fenômenos histéricos obedeciam a leis. Frente a essas experiências na Salpêtrière, Freud era obrigado a considerar a existência de um pensamento "separado da consciência" (Mannoni, 1994, p. 44).

---

[2] Em *Um estudo autobiográfico*, Freud (1925/2003b) conta que, assim que ingressou como aluno na Salpêtrière, todos lhe faziam pouco caso, até que escutou Charcot comentar sobre a necessidade de alguém que traduzisse suas novas conferências para o alemão; então lhe escreveu, oferecendo-se para a tarefa e, tendo sido aceito, passou a ter participação plena em todos os acontecimentos da clínica.

No retorno a Viena, Freud precisava prestar contas sobre seu aprendizado com Charcot para a Sociedade de Medicina. Nessa tarefa, ele não contou com uma boa recepção: foi desacreditado e desafiado a achar em Viena casos como os que relatara. Nesse intento, Freud deparou-se com a não autorização dos médicos-chefes para a observação e trabalho com os pacientes no departamento de seu interesse (Freud, 1925/2003b).

Ao retomar suas atividades em Viena, Freud pede que Breuer lhe conte com mais detalhes sobre o caso de Anna O. Ao ouvir sobre o que a sedutora menina sofria no corpo e sobre a percepção de Breuer de que poderia liberá-la de tais perturbações fazendo-a expressar em palavras a fantasia afetiva que a dominava, Freud foi tomado por entusiasmo.

O método catártico tinha uma fundamental diferença em relação ao utilizado por Charcot: Breuer dava a palavra à paciente em hipnose, já que o tratamento não se reduzia à indução do médico.

Sem abrir mão da predisposição orgânica, o médico austríaco enfatiza um mecanismo envolvido na histeria: o conceito fundamental da teoria catártica de Breuer é o de "estado hipnoide". Este, bem descrito no capítulo teórico de Breuer nos *Estudos sobre a histeria* (Breuer; Freud, 1895/2003), seria um enfraquecimento do que se chamaria de funções da consciência, cujo comprometimento se traduziria em alucinações, amnésias, apatia, frieza ou excessos emocionais, tais como ataques histéricos, entre outros (Goldgrub, 1988).

Para Breuer, a predisposição do organismo é que determinaria o resultado da interação entre um organismo e seu ambiente. Na histeria, as defesas estariam debilitadas e, portanto, o paciente seria mais vulnerável aos eventos desagradáveis que, para ele, adquiririam o caráter de traumas.

Esta é uma posição conciliadora de Breuer ao conceder um peso aos fatores orgânicos e ambientais. Em Anna O., o que fez com que Breuer propusesse a concepção de um estado hipnoide na menina eram as preocupações dela com a saúde debilitada do pai e uma predisposição mórbida (Goldgrub, 1988, p. 38).

Breuer, entretanto, não se permitia fazer generalizações a partir de um único paciente. Freud, então, envolveu-se na tarefa de repetir com seus pacientes as indagações de Breuer e, ao reunir material considerável, propôs ao amigo uma publicação conjunta, um projeto que seria realizado em 1895 com a publicação de *Estudos sobre a histeria*.

Essa proposta de melhor compreender esse fenômeno clínico tão discutido em sua época acompanharia o pai da Psicanálise durante toda sua posterior trajetória intelectual e marcaria profundamente a história dessa ciência, na época ainda nascente.

A história da Psicanálise é indissociável do percurso de seu mestre fundador e das histéricas que ele encontrou em seu caminho. Por outro lado, Freud e a histeria também formam uma parceria que é difícil de circunscrever. A histeria nunca foi uma problemática inteiramente abandonada pelo pai da Psicanálise em sua trajetória, o que nos obriga, para fazer justiça à sua genialidade, a acompanhá-lo em quase toda sua obra.

Para fins de estudo, elegemos para revisão alguns textos em que entendo que Freud nos brinda com considerações importantes e que serão retomadas neste trabalho. Priorizaremos, para condução do capítulo, o percurso sugerido por Freud nos textos "Contribuições à história do movimento psicanalítico" (1914/2003) e "Um estudo autobiográfico" (1925/2003b).

A primeira grande influência dessas mulheres histéricas no jovem Freud se deu pelo relato, já abordado neste capítulo, de seu amigo Breuer. A partir do fascínio produzido pela história da chamada Anna O., somado à impressão das contorções de sexualidade na Salpêtrière, Freud voltou-se para o universo do padecimento não mais restrito ao campo da Neurologia.

É justamente à mesma Anna O., juntamente a Breuer, que devemos o método catártico. Breuer teve o mérito de oferecer-lhe a palavra durante a hipnose, enquanto Anna O. conseguiu utilizar de tal liberdade para a realização do que ela nomeou de "limpeza da chaminé" ou "cura pela fala" (Breuer; Freud, 1895/2003). Nesse trabalho de investigação a que se propôs junto com Freud, Breuer percebeu que, a cada vez que a paciente chegava à circunstância originária da formação de um sintoma, este era eliminado. O relato dessa constatação fascinou Freud.

Somente até aqui já devemos à histeria muito do que entendemos hoje sobre a produção de padecimento psíquico. Foi ela que exerceu o fascínio necessário para fazer com que Freud voltasse seu olhar para uma nova área de estudos, abrindo-se para o instigante poder do inconsciente.

Em "Um estudo autobiográfico", Freud (1925/2003b) enfatiza que entre os eventos que mais o impressionaram durante os estudos de Charcot estavam a demonstração da histeria em homens, a produção de sintomas histéricos via sugestão hipnótica e a surpreendente semelhança desses produtos artificiais com a histeria traumática causada por acidentes espontâneos.

Ao retornar de Paris, Freud trouxe na mala o projeto formulado junto a Charcot sobre um estudo comparativo entre as paralisias histéricas e orgânicas. A realização dessa ideia foi publicada em 1893, sob o título de "Algumas considerações para um estudo comparativo entre as paralisias histéricas e orgânicas" (Freud, 1893/2003a). Nesse texto, Freud traz uma contribuição em relação à interpretação dos sinais clínicos da histeria. Ressalta que a lesão das paralisias histéricas deveria ser independente da anatomia do sistema nervoso, tratando-se de uma alteração na concepção, na ideia do membro, cuja acessibilidade associativa ficaria impossibilitada. O que estaria em jogo seria a representação do membro paralisado que, em uma associação de intenso valor afetivo, ficava inacessível ao livre fluxo das associações. Apesar de esse trabalho ter sido idealizado junto a Charcot, Freud (1925/2003b) conta que o mestre francês não estava realmente inclinado ao estudo do que chamou de "psicologia das neuroses".

Em seu artigo denominado "Histeria", Freud (1888/2003) publica ideias que germinavam desde a Salpêtrière. Ele faz um retorno fiel às descrições de Charcot acerca das crises histéricas e propõe, como contribuição original, a diferença existente entre os sinais psíquicos da histeria em comparação com as doenças orgânicas.

Sobre a especificidade das perturbações sensoriais na histeria, Freud (1888/2003) comenta que as afecções histéricas não representam um reflexo da constelação anatômica. Segundo ele, é possível dizer que a histérica sabe tanto, no que diz respeito à doutrina da estrutura do sistema nervoso, quanto nós sabíamos antes de estudar anatomia. Suas crises não respeitam leis anatômicas.

Com isso, Freud rechaça qualquer tentativa de explicar a histeria a partir de perturbações orgânicas, afirmando que não são encontradas quaisquer alterações anatômicas no sistema nervoso desses pacientes e que não há motivos para esperar que futuros refinamentos da técnica possam comprová-las.

A própria mobilidade dos sintomas, que Freud presenciou nas apresentações das contorções histéricas espetaculares na Salpêtrière, dava elementos para que a hipótese do envolvimento de perturbações orgânicas na histeria caísse por terra. Nesse aspecto, é válido esclarecer que o entendimento de Freud não era de que pessoas acometidas por problemas orgânicos não pudessem ser histéricas, mas que a histeria não estaria fundamentada em uma alteração orgânica qualquer.

No apêndice dessa obra, nomeado como "Histeroepilepsia" (1888/2003, p. 64-65), cuja autoria foi atribuída a Freud, ele fala de algumas diferenças existentes entre o ataque epiléptico e a histeroepilepsia. Nesta última, o ataque não sobrevém de maneira tão repentina como na epilepsia, e o enfermo costuma tomar cuidados quanto a onde cair, evitando lesões graves. Além disso, é bastante incomum acontecerem lesões na língua e a coloração do rosto do paciente não sofre alterações significativas durante a crise.

Freud (1894/2003b) critica o uso do termo "histeroepilepsia" para designar pacientes com crises histéricas similares à epilepsia. Nas notas de rodapé que escreveu em sua tradução das conferências das terças-feiras proferidas por Charcot, Freud denuncia a confusão diagnóstica propiciada por essa expressão. Segundo ele, o termo dá abertura para o entendimento de que possa haver alguma relação entre histeria e epilepsia, quando, na realidade, são "duas doenças que têm pouco parentesco entre si e que só por acaso são encontradas numa mesma pessoa" (Freud, 1894/2003b, p. 176).

Charcot (1888/2003) estava ciente do risco de tal termo, e mesmo assim mantinha sua utilização. Ele preocupou-se em demarcar que aquilo que chamava de histeroepilepsia nada tinha a ver com a epilepsia, referindo-se inteiramente à histeria.

A teoria do trauma em Freud

De volta a Viena, preparando-se para escrever junto a Breuer a "Comunicação preliminar" que viria a compor os "Estudos sobre a histeria", Freud escreve cartas rascunhos publicadas sob o título de "Esboço para a comunicação preliminar de 1893" (Freud, 1941/2003). O esboço C, intitulado "Sobre a teoria do ataque histérico", é especialmente interessante (p. 187-190). Freud retoma conceitualizações a respeito do "grande ataque" descrito por Charcot, propondo algumas considerações interessantes.

Entre as proposições oferecidas nesse texto está a de que o ataque histérico seria o retorno de uma lembrança inconsciente e relacionada a um trauma que, quando trazida à consciência, faria cessar os ataques. As impressões consideradas traumáticas seriam justamente aquelas cujas descargas de excitação estariam barradas, e o sintoma consistiria na descarga, por vias anormais, que logra estabelecer um equilíbrio econômico. Nesse artigo já é possível reconhecer as três vertentes freudianas para a compreensão da vida psíquica: os pontos de vista tópico, econômico e dinâmico (Freud, 1941/2003).

É nesse mesmo ano de 1892 que Freud abandona a hipnose para a adoção do que denominará "associação livre", ponto a partir do qual ele próprio localiza o início da Psicanálise (Trillat, 1991). A quebra que marcou a originalidade de Freud, a revolução em sua teoria, teve mais uma vez a contribuição de uma paciente histérica: Emmy Von N. Com seu pedido a Freud – "Fique quieto! Não diga nada! Não me toque!" (Breuer; Freud, 1895/2003, p. 72) –, ela lhe indicou um caminho técnico que o levaria à formalização da associação livre como regra fundamental de análise.

Em 1895 foi publicado, sob o título de "Estudos sobre a histeria" (1895/2003), o resultado das pesquisas conjuntas de Breuer e Freud. Nele, os colegas reúnem as conclusões encontradas, até aquele momento, sobre a histeria.

Entre os resultados relatados da pesquisa empreendida junto a cinco pacientes histéricas, sendo quatro atendidas por Freud e uma por Breuer, os autores afirmam que os sintomas histéricos seriam um precipitado de situações traumáticas. A hipnose entraria para permitir a expressão afetiva e a elaboração psíquica que estiveram impossibilitadas na ocasião do trauma.

Com a revivência da situação traumática propiciada pela hipnose, aconteceria uma descarga, nomeada por eles como "ab-reação", de um volume de energia até então empregado na conversão. A hipnose permitiria, pois, a recuperação dos nexos entre o sintoma e a reminiscência das situações afetivas que o originou.

O método catártico, apresentado por Breuer e Freud em "Estudos sobre a histeria" (1895/2003), permitia, portanto, a expressão afetiva sufocada, representando ao mesmo tempo um método terapêutico e de investigação.

Quando Freud abandona o método catártico para o desenvolvimento do método psicanalítico via associação livre, tanto demarca uma virada teórica que o orientará para a inauguração de uma nova ciência como define uma separação incontornável de caminhos entre Breuer e Freud.

Num primeiro momento, Freud esforçava-se por aproveitar as proposições de Breuer a respeito do estado hipnoide, incluindo-o na chamada "histeria hipnoide". Ele dividia a histeria em três tipos: hipnoide, de retenção e de defesa. Na histeria de defesa, um conflito ligado a uma representação inconciliável ao ego levaria a um processo de defesa no qual se buscaria tratar tal representação como não acontecida, o que deixaria consequências patológicas. O afeto não pode ser extirpado e é, portanto, convertido (Freud, 1894/2003a).

Em "Contribuição à história do movimento psicanalítico", Freud (1914/2003) refere-se à sua tentativa de conciliar os dois mecanismos (defesa e estados hipnoides), mas sua experiência mostrava sempre apenas um deles, e sempre o mesmo: a defesa.

Freud, então, não mais trabalhará os estados hipnoides e de retenção na etiologia da histeria, passando a adotar para todos os casos a explicação pelo fator da defesa, a qual constituirá, a partir desse momento, o referencial central da histeria.

Será justamente a defesa o fio condutor de Freud em seu caminho. O conflito que, para Breuer, acontecia entre o indivíduo e o ambiente, para Freud se dava intrapsiquicamente. O emprego da associação livre faz com que a defesa ganhe importância fundamental no pensamento freudiano. Fica evidente a existência de uma força contrária à possibilidade de as lembranças se tornarem conscientes e, assim, a resistência passa a estar na base do processo psíquico da histeria.

O recalcamento tornou-se o pilar fundamental para a compreensão das neuroses (Freud, 1914/2003), e a tarefa terapêutica deixou de ser a ab-reação do afeto engarrafado em vias falsas, com a ajuda da hipnose, para passar a ser o desvelar dos recalques e o enfrentamento das resistências com o método da associação livre. Isso justificaria ao pai da Psicanálise propor que seu procedimento não mais fosse chamado de catarse, e sim de Psicanálise.

Freud inverte a teoria de Breuer de que uma banalidade seria elevada à posição de trauma pelo estado hipnótico, preferindo conceber que um trauma verdadeiro seria reduzido à insignificância pela condição infantil do sujeito e, só posteriormente, sofreria uma revalorização na adolescência. Isso faria com que a lembrança lançasse efeitos de excitação maiores do que na vivência original. Já no "Projeto", Freud (1950[1895]/2001) nos apresenta o caso de Emma, a qual, na adolescência, passou a sentir angústia de entrar sozinha em qualquer loja, desde que viu dois vendedores sorrindo para ela. Essa vivência estava ligada à experiência infantil de ter sido tocada em seus genitais por um pasteleiro. Na época do abuso, Emma não o havia vivido como traumático, apenas ressignificando-o dessa forma a partir de uma segunda impressão de homens sorrindo em uma loja, então já na adolescência.

Em 1896, no texto "Novos comentários sobre as neuropsicoses de defesas" (1896/2003), Freud expõe suas hipóteses sobre a sedução real que supunha terem sofrido suas pacientes histéricas. Menciona traumas infantis derivados de abusos com efetiva irritação dos genitais realizadas por um adulto ou por uma criança previamente abusada.

A sexualidade adulta, ao incidir sobre a criança, causaria um traumatismo que apenas seria significado como traumático *a posteriori*. Trata-se de um trauma em dois tempos[3], sobre o qual Freud postula que os acontecimentos seriam inicialmente

---
[3] *Nachträglichkeit*, em alemão.

registrados sem o caráter sexual, e apenas posteriormente tingidos por uma conotação sexual e traumática a partir da puberdade.

Em "Estudos sobre a histeria", Freud e Breuer escrevem: "A sexualidade desempenha o papel principal na patogênese da histeria, como fonte de traumas psíquicos e como motivo da defesa, do recalque de representações fora da consciência" (1895/2003, p. 23). Ao que consta, entretanto, Breuer nunca compartilhou dessa teoria.

O envolvimento da sexualidade na etiologia da histeria já havia sido comentado por Charcot pelos corredores e também pelo próprio Breuer, que certa vez lhe disse que, nesses casos, tratavam-se sempre de "segredos de alcova"[4] (Freud, 1914/2003). No entanto, até Freud, essas constatações não tinham espaço no meio médico senão entre os corredores.

Nos atendimentos às suas pacientes histéricas, Freud percebia que as lembranças traumáticas tinham sempre natureza sexual, e entendeu que tais lembranças remetiam a cenas realmente vividas. Ele compreendia que os traumatismos sexuais posteriores à puberdade somente ganhavam consistência traumática porque acionavam algo infantil por meio

---

[4] Freud (1914/2003) refere-se a três importantes influências para a vinculação que estabeleceu entre histeria e sexualidade. Uma delas adveio de Charcot, que declarara a um de seus alunos que, nos casos de histeria, "c´est toujours la chose génitale". Breuer, certa vez, também apontou essa vinculação ao afirmar, sobre uma paciente histérica, que nesses casos tratava-se sempre de "segredos de alcova". Por fim, a última influência foi dada por um ginecologista chamado Chrobak, que revelou a Freud que, na receita médica para a histeria, deveria estar escrito *"Penis normalis dosim repetatur"*.

do mecanismo chamado por ele de *Nachträglichkeit* (ou *après--coup*), caracterizando o trauma em dois tempos (Freud, 1950 [1895]/2001, 1896/2003). As histéricas sofriam, portanto, de reminiscências (Freud, 1950 [1895]/2001).

Fantasia e realidade psíquica

A exterioridade da sexualidade traumatizante seria revista por Freud em 1897, em sua famosa carta a Fliess, na qual expressa sua decepção em relação às suas pacientes, a quem tanto deu crédito e escuta. Na carta 69, ele escreve: "Não acredito mais em minha neurótica" (Freud, 1897/2003a, p. 301). O que ele não mais acreditava era na factualidade da sedução sofrida. Essa revisão, que em um primeiro momento parecia um retrocesso que invalidaria suas teorizações, levou Freud a um avanço significativo para o destino da histeria e da Psicanálise como um todo.

Em 1905, as consequências dessa virada teórica são formalizadas em uma obra intitulada "Três ensaios sobre a teoria da sexualidade" (Freud, 1905/2003b). Nela, Freud atribui à fantasia e à sexualidade infantil o peso antes delegado ao adulto sedutor.

A criança passa a ser claramente concebida como tendo sexualidade, marcada por uma disposição perverso-polimorfa, em que as fantasias e desejos sofrerão a ação do recalcamento. Com isso, entender-se-á que são essas fantasias sexuais infantis que estarão na base de um sintoma neurótico, e é esse o caminho para a atuação do psicanalista. As fantasias infantis seriam, por conseguinte, as responsáveis pelos relatos inverossímeis das pacientes a respeito de supostos abusos sofridos.

A nova descoberta servirá para a formulação do conceito de "realidade psíquica". Em "Contribuição à história do movimento psicanalítico", Freud (1914/2003) afirma que "[...] se os histéricos reconduzem seus sintomas a traumatismos inventados, está aí precisamente o fato novo, a saber, que eles fantasiam essas cenas, e a realidade psíquica solicita ser apreciada junto à realidade prática" (Freud, 1914/2003, p. 17).

Em "Um estudo autobiográfico", a importância que passará a ser atribuída por Freud à realidade psíquica fica evidente: "Os sintomas neuróticos não se enlaçavam de maneira direta a vivências efetivamente reais, mas a fantasias de desejo, e que, para a neurose, tinha mais valor a realidade psíquica do que a material" (Freud, 1925/2003, p. 23).

O poder da realidade psíquica está no fato de a fantasia ganhar espessura de realidade e, eventualmente, tornar-se traumática.

Surge, então, o que se tornará o complexo fundamental das neuroses: o Complexo de Édipo. Em nota acrescentada em 1920 ao texto intitulado "Três ensaios sobre a teoria da sexualidade", Freud desenvolve essa ideia argumentando que

> [...] o complexo de Édipo é o complexo nuclear das neuroses, representando a peça essencial no conteúdo delas [...] A todo ser humano que nasce se coloca a tarefa de

dominar o complexo de Édipo; o que não consegue realizá-la sucumbe à neurose. (Freud, 1905/2003b, p. 206, nota 28)

No interior do Complexo de Édipo reina também o complexo de castração, intimamente ligado à histeria e bem explicado por Freud nos textos "A organização genital infantil" (1923/2003b), "A dissolução do Complexo de Édipo" (1924/2003) e "Algumas consequências psíquicas da distinção anatômica entre os sexos" (1925/2003c).

O modelo do sonho

A partir de 1900, com A Interpretação dos Sonhos (1900/2003), Freud teria mais elementos para a interpretação dos fenômenos histéricos. O peso não recairia tanto nas lembranças traumáticas quanto nas fantasias e, nesse sentido, o sonho serve como modelo para a interpretação psicanalítica. A crise histérica seria encarada como uma *mise-en-scène*, tal como o sonho.

Em 1908, Freud escreve "As fantasias histéricas e sua relação com a bissexualidade" (1908/2003a), texto no qual se ocupa das relações existentes entre os sintomas histéricos e fantasias inconscientes. Essas ideias são interessantes para pensarmos, ainda hoje, sobre o que está em jogo em um ataque histérico.

Quando Freud (1908/2003a) anuncia que os ataques são sonhos diurnos de emergência involuntária, abre a possibilidade de indagações acerca de que emergência se trata e, se não respondem à vontade consciente, poder-se-ia questionar a quem respondem.

Freud (1908/2003a) aponta o caminho para a elucidação da crise no abandono do interesse do analista no sintoma, a fim de direcioná-lo às fantasias inconscientes. Nesse caminho, ele descobre que os sintomas histéricos são fantasias inconscientes figuradas pela "conversão", e que o conteúdo dessas fantasias corresponde à satisfação que os perversos levam a cabo conscientemente. O interessante, nesse texto de 1908, é a abertura de perspectivas representada pela proposta freudiana de que um sintoma não está determinado por uma única fantasia inconsciente, mas por uma multiplicidade delas. Com isso, não se proporia mais que o sintoma fosse lido como uma correlação direta de algo, elucidado com facilidade quase mágica a partir de uma lembrança. Levando-se em conta suas múltiplas determinações, podemos entender que um sintoma será apenas em parte compreendido, e que, mais importante do que a elucidação do sintoma, será dar espaço para o trabalho das fantasias que surgem em referência a ele.

O que Freud (1908/2003a) sustenta nesse momento é que o sintoma histérico é símbolo mnêmico de certas impressões traumáticas substituídas via conversão e que ele realiza uma fantasia a serviço da satisfação de um desejo. Assim, o sintoma corresponderia necessariamente a um compromisso entre uma força libidinosa e outra repressora e, muitas vezes, estariam em jogo fantasias libidinosas contrapostas e com significado bissexual. O exemplo usado por Freud foi o de uma paciente que, durante um ataque, segurava seu vestido com uma mão, enquanto com a outra tentava arrancá-lo.

No texto "Algumas observações gerais sobre ataques histéricos", Freud (1909/2003) desenvolve algumas ideias propostas no texto de 1908 e nos brinda com novas propostas sobre o ataque histérico. Freud (1909/2003) se propõe compreender por que o ataque histérico não permite que a fantasia inconsciente envolvida seja apreendida mediante uma visão intuitiva do ataque e, para responder a tal questão, ele se vale do que aprendeu sobre os sonhos.

É, de fato, bastante curiosa a diferença entre as interpretações possíveis de uma paralisia de perna, por exemplo, como a encontrada na famosa paciente Elizabeth von R. (Breuer; Freud, 1895/2003), em que era possível fazer uma transposição metafórica clara para a fala, como "dar um mau passo", e aquilo que é possível chegar a interpretar em um paciente com crises. No caso de um paciente com crise, estão igualmente em jogo representações convertidas no corpo, mas com maiores deformações, que não possibilitam uma fácil tradução linguística.

Ainda segundo Freud (1909/2003c), a figuração pantonímica da fantasia, sob efeito da censura, precisou submeter-se a múltiplas desfigurações para irromper em um ataque. Este é, afinal, o destino de qualquer conteúdo recalcado que retorne e, por conseguinte, o ataque histérico precisa da mesma elaboração interpretativa que dedicamos aos sonhos. Freud (1917/2003) afirma que cooperam na formação do sintoma os mesmos processos que contribuem para a formação do sonho, a saber, a condensação e o deslocamento. Assim como o sonho, o sintoma também figura um cumprimento de satisfação à maneira do infantil.

De acordo com Freud (1909/2003), o estádio convulsivo de um ataque, por exemplo, corresponderia ao coito na fantasia. Ele relembra que os antigos diziam que o coito era uma pequena epilepsia, o que permite a inversão, resultando dizer que o ataque convulsivo seria equivalente ao coito.

O sintoma ganha, então, para Freud, o valor de uma mensagem cifrada que precisa de um trabalho de tradução. Das "Conferências introdutórias à psicanálise" (Freud, 1917/2003) consta uma denominada "O sentido dos sintomas" (p. 235-249), na qual se dedica a comprovar que o sintoma é rico em sentido, assim como os atos falhos e os sonhos, e que está intimamente ligado às vivências do enfermo. A tarefa da análise frente a uma ideia sem sentido e a uma ação carente de fim seria, pois, descobrir a situação do passado em que a ideia estava justificada e a ação correspondia a uma finalidade.

Na 23ª Conferência, "Os caminhos para a formação do sintoma" (Freud, 1917/2003), encontramos o desenvolvimento da ideia freudiana de sintoma como formação de compromisso para explicar o mecanismo envolvido na histeria. Na opinião de Freud, os sintomas neuróticos são resultados de um conflito que se libera em uma nova modalidade de satisfação pulsional. Graças ao compromisso firmado na formação do sintoma, as duas forças oponentes se reconciliariam. A libido, antes insatisfeita, precisaria buscar outros caminhos de satisfação, enquanto o sintoma seria o retorno do cumprimento de desejo libidinal inconsciente desfigurado por imposição da censura.

Encontramos nessa conferência um significativo destaque atribuído por Freud à regressão da libido envolvida no sintoma. Freud (1917/2003) justifica que seria inconcebível que a libido regressasse com tanta frequência às épocas da infância se ali não houvesse nada exercendo influência sobre ela. Isso o leva à afirmação de que o neurótico ficaria aderido a algum ponto de seu passado. Com o sintoma, portanto, alguma modalidade de satisfação de sua tenra infância, modificada pela censura envolvida no conflito, seria repetida.

A estranha forma de satisfação envolvida no sintoma também foi contemplada nessa conferência. Freud (1917/2003) percebe que o neurótico não a reconhece conscientemente como satisfação, já que a sente como sofrimento e dela se queixa. A pressão do conflito psíquico levaria a uma mudança que faz causar resistência e repugnância a algo que outrora fora para o sujeito uma satisfação.

Em 1905, no texto "Três ensaios sobre a teoria da sexualidade" (1905/2003b), Freud já assegurava que os sintomas representam a atividade sexual do neurótico. Essa afirmação evidencia o papel de satisfação que cumpre o sintoma na vida do neurótico. Mas não apenas de satisfação é composto o sintoma. Para Freud, a satisfação é só uma parte dele, que é igualmente marcado pela defesa. Se não existisse uma força contrária à satisfação direta, não seria necessária a formação psíquica que articula o sintoma.

O sintoma é, sem dúvida, um ponto bastante trabalhado por Freud ao tratar de histeria. Ele enfatiza o sintoma comum de conversão tanto no sentido econômico quanto em seu papel simbólico. Aborda não apenas a transmutação do psíquico para o somático (econômico), mas também o sintoma como expressão simbólica do recalcado. Apesar desse espaço dedicado por Freud (1905/2003a) ao entendimento do sintoma histérico desde o texto sobre Dora, Freud reconhece elementos que apontam para a condição histérica mesmo que não sejam verificados sintomas conversivos: "Eu chamaria 'histérica', sem vacilar, a toda pessoa, seja ela capaz ou não de produzir sintomas somáticos, em quem uma ocasião de excitação sexual provoca predominante ou exclusivamente sentimentos de desprazer" (1905/2003a, p. 27).

O autor (1905/2003a) também reconhece a importância da complacência somática contribuindo para a "escolha" da neurose no caso da histeria, afirmando que "[...] em todas as psiconeuroses os processos psíquicos são, durante um bom trecho, os mesmos, e só depois entra em jogo a 'solicitação somática', que procura nos processos psíquicos inconscientes uma saída para o corporal" (1905/2003a, p. 38).

Todavia, o que passará a ter importância fundamental é o recalcamento, que, em função do conflito, impede a possibilidade de o sujeito acessar seu próprio desejo, determinando a relação paradoxal do histérico com seu prazer e seu desejo.

Ainda em 1905, dessa vez no texto "Três ensaios sobre a teoria da sexualidade", Freud afirma existirem traços de caráter histéricos e, dentre eles, destaca um par de opostos, "[...] uma necessidade sexual desmedida e uma desautorização do sexual levada demasiadamente longe" (Freud, 1905/2003b, p. 150), além do "[...] recurso à doença, que não soluciona o conflito, mas procura escapar a ele pela transformação das aspirações libidinosas em sintomas" (1905/2003b, p. 150).

Trabalhando o sonho da paciente que passou a ser conhecida no meio psicanalítico como "A Bela Açougueira", Freud (1900/2003) apresenta um elemento importante da histeria: a manutenção de um desejo insatisfeito. Referindo-se ao fato de a paciente ter pedido ao marido que não lhe oferecesse caviar, apesar de seu intenso desejo de comer tal iguaria, Freud sublinha: "Noto que se vê obrigada a criar na vida um desejo insatisfeito" (1900/2003, p. 166). Essa afirmação e a análise desse sonho denunciam a existência desse elemento na dinâmica da histeria: a necessidade de manter o desejo insatisfeito[5].

A identificação histérica é um fator importante na compreensão freudiana da dinâmica da histeria desde o início de sua obra. No caso Dora e nas discussões sobre o caso, realizadas em 1921, tal aspecto é evidenciado. Freud (1921/2003) ressalta as identificações da menina, em sua *petite hystérie*, tanto com a mãe quanto com o pai. Compartilhava com a mãe de seu corrimento vaginal, lógica entendida por Freud com a seguinte frase: "Você quis ser sua mãe, agora o é, pelo menos em seu

---

[5] Esta foi uma temática bastante desenvolvida depois de Freud, principalmente na teorização lacaniana.

sofrimento" (1921/2003, p. 100). O sintoma se articulava, neste caso, pela identificação com a rival.

A identificação com o objeto de amor engendrando o sintoma também foi uma das possibilidades apontadas por Freud (1921/2003): a tosse nervosa de Dora imitava a tosse do pai. Nesse caso, "[...] a identificação substituiu a eleição de objeto; a escolha de objeto regrediu até a identificação" (1921/2003, p. 100).

Em carta a Fliess, Sigmund Freud (1897/2003a) já indicava a identificação com o morto como uma das saídas histéricas possíveis. Ele concebe que o desejo parricida é parte da neurose, e que tais impulsos são recalcados em situações que suscitem compaixão, como o adoecimento ou a morte. Escreve: "É uma das manifestações do luto acusar-se pela morte acontecida (as chamadas melancolias), ou castigar-se de maneira histérica, mediante a ideia de retribuição, com os mesmos estados [de enfermidade] que eles sofriam" (Freud, 1897/2003a, p. 296).

Na análise que fez do caso de Dostoiévski, Freud (1928/2003) também acentua a identificação com o morto como fundamental para a neurose. Dostoiévski foi caracterizado por Freud (1928/2003) como sofrendo de histeroepilepsia e compreendido como alguém cujo desejo parricida somou-se à morte do pai assassinado, levando-o à neurose. Freud formula para seu sintoma o seguinte significado: "Você quis matar o pai para ser você mesmo o pai, agora você é o pai, mas o pai morto" (1928/2003, p. 183).

Freud aborda, em acréscimo, o aspecto da identificação histérica a partir do sonho da recém-referida paciente conhecida como "A Bela Açougueira". Ele percebe que era desejo da paciente que o desejo de uma amiga não se cumprisse. Entretanto, é seu próprio desejo que aparece insatisfeito no sonho. Assim, declara Freud, "[...] colocou-se em lugar dela, ou, como podemos dizer, identificou-se com ela" (Freud, 1900/2003, p. 167). Em seguida, pergunta-se "[...] que sentido tem a identificação histérica?" e continua afirmando que "[...] a identificação é um aspecto extremamente importante para o mecanismo dos sintomas histéricos" (1900/2003, p. 167).

Freud (1921/2003) traz o caso das moças do internato que, identificadas por um desejo inconsciente, compartilhavam também do padecimento, como se essa semelhança as aproximasse. Vendo a amiga apresentar uma crise, após receber uma carta que reativava uma dor de amor, as outras meninas também manifestaram tal crise. Era como se nelas operasse uma lógica afirmando que, se por esse motivo a amiga teve uma crise, pela mesma causa elas também poderiam ter.

A sexualidade infantil recalcada que retorna em uma neurose está vinculada ao conflito edípico, já que o Complexo de Édipo é considerado o complexo nuclear das neuroses:

> Freud estabelece como ponto de fixação da histeria a fase fálica, momento em que o complexo de Édipo atinge o grau máximo de intensidade, conferindo à atividade fantasmática uma temática e um colorido em que a erótica genital

e a questão da diferença sexual presidem a cena. (Alonso; Fuks, 2004, p. 119)

Só em 1931 Freud incluiria o aspecto pré-edípico da relação com a mãe como determinante para a construção da histeria e para o desenvolvimento da sexualidade feminina. Ele caracteriza essa relação como intensa e ambivalente, marcada por ciúmes em relação a outras crianças e interesses da mãe. Freud (1931/2003) afirma ter chegado a algumas descobertas, entre as quais "[...] acha-se a suspeita de que essa fase de ligação com a mãe deixa conjecturar um nexo particularmente íntimo com a etiologia da histeria" (Freud, 1931/2003, p. 229).

Já em "Três ensaios sobre a teoria da sexualidade", Freud (1905/2003b) introduziu uma nota de rodapé em 1915, na qual, referindo-se à fase oral, indica ao leitor o texto de Abraham (1916, apud Freud, 1905/2003b, p. 180, nota 40) para o entendimento dos resíduos dessa fase nos neuróticos adultos. É justamente a fase oral que passou a ser entendida por grande parte dos psicanalistas como o ponto auxiliar de fixação na gênese da histeria.

A partir de 1920, o "traumático" retorna ao cenário do sintoma, desta vez não se relacionando a um evento real, mas referindo-se ao excesso que não permite processamento. Predomina o ponto de vista econômico, o qual explica a repetição por uma desfusão pulsional vigente até que algo permita uma ligação:

As inovações de *Mais além do princípio do prazer* reordenam a problemática associada ao sintoma sem destituir a explicação anterior do sintoma neurótico desde a perspectiva do conflito e do princípio do prazer. O sintoma neurótico seria, assim, um dos modos de processamento do traumático não simbolizado [...] O sintoma passa a ser considerado a partir de duas perspectivas: se de um lado é mensagem de um inconsciente recalcado, de outro é defesa contra intensidades pulsionais excessivas. (Alonso; Fuks, 2004, p. 116)

Durante toda a obra freudiana, a histeria se mostrou presente como patologia a instigar o interesse de Freud e a fazê-lo trabalhar. Com ela, Freud desenvolveu e abandonou a concepção de trauma real para a etiologia da histeria, voltando a formulá-la a partir de 1920, desta vez do ponto de vista econômico. Com essas novas contribuições, Freud não deixou de considerar como base da histeria o processo de recalcamento e a fixação à fase fálica, quando se dá o complexo por ele considerado nuclear das neuroses, o Complexo de Édipo. O que foi incluído mais adiante em sua obra foi a contribuição da relação pré-edípica com a mãe, que deu abertura para o entendimento da oralidade como fixação auxiliar da histeria.

Além de apresentar um panorama teórico da histeria em Freud, este capítulo buscou demonstrar o quanto a histeria se mostrou inspiradora para as construções psicanalíticas. Acompanhando o estudo da histeria, fomos reconstruindo grande parte da história da Psicanálise até Freud. Vale ressaltar o quanto a histeria esteve presente ao longo dos séculos mesmo antes de Freud, propondo questões à sociedade vigente e sendo influenciada por ela. A histeria produziu efeitos diversos em diferentes épocas: causou rechaço, encanto ou indiferença. Freud não se deixou paralisar por nenhum desses efeitos, e a histeria o fez trabalhar, contribuindo para produções muito férteis.

3.

DAS UNHEIMLICHE NO CORPO

Na escuta clínica é comum destacarmos na fala de um paciente quando certa expressão é usada repetidas vezes. Mais curioso se torna quando tais falas são enunciadas por diferentes vozes em situações parecidas. É com base em algo que parte da fala de alguns pacientes com crises pseudoepilépticas e encontra respaldo teórico em Freud que situo este capítulo, o qual permite a compreensão da crise como a manifestação do "estranho" no corpo.

Em toda análise, somos levados a reconhecer um estranho dentro de nós. Algo que, apesar de nosso, parece-nos desconhecido, fugindo à possibilidade de controle consciente. Essa experiência é sentida intensamente nos casos em que esse estrangeiro toma formas como as que trabalharemos neste capítulo.

Das Unheimliche

"O ego é antes de tudo corporal", dizia Sigmund Freud (1923/2003c, p. 27). Nossa constituição psíquica passa pelo corpo e somos convocados a um trabalho de elaboração das transformações que acontecem nele ao longo de nossa história. Imagine, então, quando esse corpo é acometido por uma doença sem explicação orgânica pertinente. Experiências que se passam no corpo, mas que não respeitam regras fisiológicas.

Repetidamente, no atendimento dos pacientes com crises pseudoepilépticas encaminhados por neurologistas, escuta-se comentários sobre seu padecer que dão notícia do estranhamento provocado por esse tipo de manifestação. "É muito estranho o que acontece comigo", "meu corpo fica estranho, é como se tivesse vontade própria". Falam de uma estranheza ao perceberem seu corpo, ao mesmo tempo tão conhecido e familiar, tornar-se intensamente desconhecido. A falta de controle desse corpo e as notícias sobre as crises de que pouco ou nada sabem tornam aquilo que têm de mais íntimo algo ameaçador.

O primeiro movimento, em muitos casos, é a busca pela resposta médica para tal padecimento. Quem sabe a existência de um corpo estranho pudesse explicar tais manifestações. Qual não é a surpresa quando, após exames exaustivos, esses pacientes descobrem que nem vírus, nem epilepsia são os causadores de suas crises. O corpo estranho não é algo externo que tomou seu corpo, trata-se de um estranho corpo.

Em um texto de 1919, "O estranho" (Freud, 1919/2003), Freud dedica-se a estudar um sentimento que chamou de *Unheimliche*, que entendia ser um fenômeno descuidado pelos especialistas até aquela época. Para dar início à sua pesquisa, Freud recorreu aos dicionários na busca pelos significados da palavra e, já nesse ponto, encontramos uma dificuldade: não há um correspondente do termo alemão para o português.

No alemão, "*unheimlich*" mostra-se claramente como o oposto de "*heimlich*", visto que o prefixo "*un-*" designa negação. Isso, entretanto, não torna claro o sentido da palavra, já que o termo "*heimlich*" carrega consigo uma ambivalência. Em seu uso mais comum, "*heimlich*" refere-se a "familiar", "íntimo", "doméstico", o que daria ao seu oposto o sentido de "não familiar", "desconhecido". Freud, todavia, tem a intenção de ir além da equação "estranho = não familiar", uma vez que nem tudo que é novo causa estranheza.

Ele encontra, então, o segundo sentido para "*heimlich*": "manter algo clandestino, ocultá-lo". Entre os exemplos do oposto desse segundo significado, Freud (1919/2003) encontra uma frase de Schelling que o deixa intrigado: "*Unheimlich* é o nome de tudo o que deveria ter permanecido secreto, oculto [...] mas veio à luz" (Schelling, apud Freud, 1919/2003, p. 224).

Chegando a tanto, Freud (1919/2003) percebe que a palavra "*heimlich*" pertence a dois grupos de representações que, apesar de não serem opostos, são muito afastados – "familiar, agradável" e "clandestino, oculto" –, e que, entre as múltiplas formas de seu significado, existe também um que coincide com o seu oposto *"unheimlich"*. A frase de Schelling seria o uso dito incomum do *"unheimlich"* como oposto do segundo sentido.

Na literatura médico-psicológica, Freud (1919/2003) tem como único interlocutor a propósito do *Unheimliche* Ernst Jentsch (1906, apud Freud, 1919/2003), que considera ter contribuído para a compreensão do fenômeno. É com esse autor que Freud discutirá a origem desse sentimento, buscando ir além. Jentsch destacou como exemplo de causa de *Unheimliche* a dúvida sobre se algo é vivo ou inanimado, e aponta E. T. A. Hoffmann[1], um dos pilares da literatura romântica alemã, como hábil na arte de produzir esses efeitos em seus contos.

Jentsch encontra um desses artifícios na boneca Olímpia, personagem do conto "O Homem de Areia", de Hoffmann, que, enganosamente, parecia animada, o que Freud (1919/2003, p. 227) não considerava ser relevante ao estranho no conto. A Freud não restavam dúvidas de que o estranhamento devia- -se ao Homem de Areia e à representação de perder os olhos, relacionada intimamente à angústia de castração.

Ele passa a recorrer, para o esclarecimento do *unheimlich* de "O Homem de Areia", a fatores infantis dessa índole, sendo levado a ensaiar essa mesma derivação para explicar os demais casos de vivência de estranheza.

Nessa tarefa, Freud (1919/2003) escolhe outra história de Hoffmann, desta vez "O elixir do Diabo", e destaca os mais salientes motivos do efeito *unheimlich* a fim de verificar se

---

[1] Ernst Theodor Amadeus Hoffmann, escritor alemão. Um dos maiores nomes da literatura fantástica mundial.

derivam de fontes infantis: a presença de "duplos", a telepatia, a identificação com outra pessoa a ponto de equivocar-se sobre o próprio eu e o permanente retorno do igual na repetição.

Com respeito ao duplo, Freud (1919/2003) se aproveita do texto de O. Rank de mesmo nome, em que o autor fala do *duplo* como enérgica desmentida do poder da morte – o duplo como um recurso para defender-se do aniquilamento – para abordar a transformação que ocorre até chegar ao efeito estranho. Freud garante que essas representações nasceram sobre o terreno do narcisismo primário e, com a superação dessa fase, o duplo passa de um seguro de sobrevivência para o *unheimlich* anunciador da morte.

Freud (1919/2003) afirma que a motivação manifesta da figura de um duplo não permite compreender o alto grau de *Unheimliche* a ele aderido, já que nada desse conteúdo mais superficial poderia explicar o empenho defensivo que o projeta fora do eu como algo alheio a ele. O caráter estranho somente pode estar no fato de o duplo ser uma formação oriunda das épocas primordiais já superadas da vida psíquica.

Além do duplo, o fator da repetição do igual, sob certas condições e combinado a determinadas circunstâncias, é apontado por Freud como fonte do sentimento de *Unheimliche*. Todavia, é a repetição não deliberada que torna estranho o que, em si, seria inofensivo. É o exemplo do efeito causado quando, em um curto espaço de tempo, somos confrontados com um mesmo número, em diferentes situações, dando a impressão de que tal número teria algum significado secreto.

Na busca por compreender a hipótese da origem infantil sobre o que causa a sensação de estranho, Freud (1919/2003) dá exemplos como pressentimentos ou um paciente obsessivo que, após desejar a morte do ancião que habitava o quarto que cobiçava, recebeu com estranhamento a notícia de sua morte quatorze dias depois. Esses exemplos Freud reúne como dependentes do que chamou de onipotência de pensamento, e afirma que a análise dos casos de *Unheimliche* nos reconduz à antiga concepção do mundo do animismo. Para ele, é como se tudo o que hoje nos parece estranho cumprisse a condição de tocar os restos de atividade animistas.

É nesse ponto que Freud (1919/2003) consegue formular duas conclusões. A primeira delas é a de que a natureza secreta do *Unheimliche* está em ser um material recalcado que retorna. A segunda, que é derivada desta, é a de que com essa natureza é possível entender que os usos da língua façam *heimlich* passar para o seu oposto, *unheimlich*, porque o estranho não é algo efetivamente novo ou alheio, mas, antes, conhecido e antigo, que foi afastado da consciência pelo processo de recalcamento. Essa constatação permite dar um novo sentido à frase de Schelling, que trata *unheimlich* como aquilo que deveria ter permanecido oculto, mas apareceu.

Com isso, passamos a adotar como expressão mais adequada para o português "estranhamente familiar", termo já utilizado em linguagem corrente, para que seja possível contemplar os dois aspectos que compõem o sentimento de *Unheimliche*.

Tomando isso como *unheimlich*, sabemos que existem duas vertentes que correm simultaneamente em paralelo: o familiar e o desconhecido. Na fala do paciente surge em primeiro plano o que é da ordem do externo, o que é alheio a ele, faltando-lhe a percepção do familiar. O papel do analista é, partindo do que é alheio, aproximar o paciente do que lhe é familiar.

O *Unheimliche* na pseudoepilepsia

Enquanto totalmente dissociado, o fenômeno terá sua explicação buscada na exterioridade. A cultura atual conta, para isso, com dois apelos principais: a Medicina e a religião. Aqueles que tomam um dos caminhos na busca por esclarecimentos muitas vezes não excluem a procura pelo outro campo, mas podem vir a lançar mão dele quando as explicações do primeiro passarem a não dar conta do problema.

Na pseudoepilepsia, a recorrência das crises e os erros diagnósticos fazem com que muitos pacientes sejam tratados durante anos como epilépticos, recebendo medicamentos fortes que em nada aplacam seu sofrimento. Isso até que consigam uma revisão diagnóstica a partir de um exame específico a que poucos têm acesso no Brasil: o vídeo-EEG.

A notícia da inexistência de alterações no eletroencefalograma que justifiquem as crises apresentadas recoloca a pergunta: o que acontece no meu corpo? A frustração com a falta de explicações médicas abre a possibilidade de essa pergunta ser endereçada a si. Mas nem sempre é este o movimento observado.

Minha experiência se restringe aos pacientes que, assim que receberam o diagnóstico de pseudoepilepsia, foram incentivados pelos médicos a buscar uma intervenção psicanalítica, já que possivelmente a questão seria psíquica. Mesmo com essa sugestão, a chegada desses pacientes vem acompanhada da dúvida sobre a possível implicação deles no fenômeno. "Por que eu iria querer ficar doente? Não faz sentido!" O trabalho inicial parece ser receber essa sensação de *Unheimliche* e analisá-la para que, com a fala, o sintoma possa ser historicizado e passível de o paciente o incorporar como seu.

As queixas costumam abordar a estranheza causada por não saber o que esperar de seu próprio corpo. Passam a desconhecer aquilo que sentem como mais próprio. O corpo ganha vida e é falado na terceira pessoa, como não sendo parte integrada de si naquele momento: "o corpo". Certamente, não se trata de uma não integração constitucional, não estamos falando de uma psicose, mas da sensação estranha de ver uma autonomia em algo que esperariam estar integrado à sua vontade.

Julia Kristeva (1994) é uma psicanalista que se dedicou ao tema do *Unheimliche* em seu livro *Estrangeiro para nós mesmos*, de sorte que suas ideias podem contribuir para nossas formulações. Ela sublinha a relação entre a angústia e o sobrenatural, que levaria o sujeito a uma despersonalização. O sobrenatural seria primeiramente choque, espanto, coisa insólita, a qual, mesmo quando se reúne à angústia, preserva esse aspecto de infortúnio que conduz o ego para além da angústia até a despersonalização.

Apesar de não estarmos tratando de casos de psicose, já que o *Unheimliche* é um fenômeno que resulta do recalcamento, pode-se dizer que este dá ao neurótico uma sensação momentânea de despersonalização que acompanha o psicótico com frequência.

É digno de nota que a epilepsia já aparecia nos escritos freudianos como elemento causador de estranheza. Jentsch, antes dele, lançou a ideia de que os acessos epilépticos e as manifestações de insanidade excitam no espectador a impressão de tratar-se de processos automáticos e mecânicos. Freud (1919/2003, p. 227) desenvolveria a argumentação de que o efeito estranho da epilepsia teria a mesma origem daquele causado pela loucura. O leigo observa nesses fenômenos a ação de forças que, por um lado, não são suspeitas previamente em seu semelhante, mas, por outro, deixam-no vagamente ciente de existirem em regiões remotas de seu ser. O foco, nesses casos, estava colocado no estranho despertado em quem assiste.

Interessa-me, mais do que isso, o abalo talvez ainda mais intenso que sente aquele que tem seu corpo tomado por essas manifestações que não consegue controlar de maneira deliberada. Não só isso, como também o susto de ser tomado por algo que a Medicina não consegue explicar. O medo de machucar-se vem acompanhado das queixas comuns dos pacientes que convivem diariamente com a possibilidade de ter crises. Muitas vezes, esse temor é trazido por meio das falas dos familiares, que insistem por cuidados. Mas como cuidar de si mesmo?

A crise pseudoepiléptica parece aportar uma diferença fundamental no que concerne aos ataques epilépticos. Ela introduz um mistério que deixa em aberto a pergunta a respeito da origem de uma força que pode tomar formas demoníacas.

Temos, assim, dois tempos do susto: aquele de quem tem seu corpo tomado por manifestações estranhas, e aquele que se segue à descoberta de que não se pode contar com uma explicação médica para o caso. Na denúncia médica do não envolvimento de problemas orgânicos no fenômeno pseudoepiléptico, o paciente vê, de uma hora para a outra, sua operação psíquica desfeita, precisando encontrar-se com conteúdos que estavam seguros no sintoma. Surge um segundo momento de *Unheimliche*. O primeiro momento, então, traz a marca do sintoma, denunciando um desconhecimento daquilo que parece mais familiar. O segundo reage a um enigma sobre a origem desse mal.

É apoiado nesse mistério que o duplo ganha destaque. Este outro desconhecido, que aparece no momento da crise, impulsionando movimentos animalescos e inesperados, contrasta com o sujeito que protagoniza as demais ações cotidianas.

Estranhamente demoníaco ainda hoje

Em muitos espaços as alterações de consciência e de comportamento são atribuídas, ainda hoje, à ação do demônio ou de entidades que visitam o humano. Essas ideias surgem não apenas para aqueles espectadores das manifestações como também são compartilhadas pelos que as protagonizam. Não por acaso, na Idade Média, essas doenças eram atribuídas às influências dos demônios.

Na pseudoepilepsia, a crise comumente encontra explicação nessas forças alheias ao sujeito, tirando-o do caminho da posição ativa e colocando-o como um instrumento para que certa entidade se apresente. Quando isso acontece, aparentemente, não faz sentido direcionar a pergunta para o sujeito, já que a crise é obra de outro. Há um caminho de reencontro a ser percorrido.

A ideia desse duplo que se apresenta em seu corpo parece carregar um misto de horror e fascinação. Se, por um lado, o sujeito é tomado por uma manifestação no corpo que não controla, a existência de algo superior, para além do que vivemos corriqueiramente, pode ser um alento à noção de que a vida se resume ao que é vivido, sendo, portanto, finita.

Há algo de sobrenatural envolvendo seu corpo, de maneira que essa crença, ao mesmo tempo em que assusta, igualmente encanta. Em especial no caso da histeria, pode tornar-se atraente o aspecto de se ser único e especial, escolhido entre outros corpos para ser tomado.

Além disso, quando a angústia ganha o caráter demoníaco, está projetada para fora e encontra um representante cultural. Já não é apenas angústia livre: recebe um nome na cultura. No caso de Flora, apresentado a seguir, esse ponto ganha ilustração, podendo ajudar na compreensão do fenômeno.

Entre Deus e o Diabo: um embate identificatório – o caso Flora

Ao chamar por seu nome na sala de espera, encontrei uma universitária com certo ar de colegial, que chegou para atendimento após passar pelo vídeo-EEG. Suas roupas eram pouco femininas, usava camiseta escura e calça *jeans*, e vi pendurado em seu pescoço um crucifixo.

Apesar de se dizer impaciente com os tantos anos de crise que diz terem atrapalhado sua vida, Flora não apresenta desespero em descobrir sua origem. Parece-me que ela estava especialmente ligada a essas particulares manifestações, como a definindo para si e para os outros. O que era de se esperar, já que a paciente vinha convivendo com tais crises desde seus nove anos. Ao chegar para atendimento, ela contava 23 anos.

Dentre os pacientes vindos em função das crises pseudoepilépticas, Flora foi aquela que maior fascinação causava em relação aos seus sintomas. Era como se eu a visse reclamar e ao mesmo tempo cultuar tais estranhezas. Seu corpo era revestido de mistérios para ela e para os outros.

Quando tinha nove anos, Flora rolou ao chão com um amigo em uma brincadeira, e, levada pela mãe para uma enfermaria, teve sua primeira crise. "Eu estava sentada na maca e caí para a direita, e venho caindo para a direita há quatorze anos". Desde esse tempo, é como se ela tivesse encontrado o seu lugar em casa. Sua irmã mais velha, que sempre teve as maiores atenções de sua mãe, passou a ter que dividi-las com as constantes preocupações endereçadas aos sintomas de Flora. O pai, que parecia pouco amoroso, certa vez precisou pegá-la no colo para levá-la a um hospital. Ele sempre teve seus casos extraconjugais, aos quais Flora reagia como esposa, investigando as amantes do pai e solicitando que se afastassem dele. Ela dizia ter muita pena de sua mãe, que não fazia nada senão sofrer.

A família, muito religiosa, paulatinamente transferiu suas esperanças dos médicos para a Igreja. Recorreram a especialistas médicos, sem encontrar muitas respostas. Um deles, envolvido em pesquisas sobre magnetismo, orientava que Flora enrolasse sua cama em plástico para dormir e evitasse assistir à televisão. As restrições eram muitas, mas a proximidade à mãe que Flora conseguiu foi igualmente intensa.

As expectativas em relação ao pai sempre foram um tanto frustradas. Em algumas sessões, Flora falava de sua mágoa quanto à falta de dedicação do pai para com seu problema. Contou-me, certa vez, de uma convulsão em que fora *jogada* entre a cama e o guarda-roupa, debatendo-se em um barulho significativo, sem que o pai, que acabara de passar por seu quarto, viesse acudi-la. De modo semelhante, durante a internação para o exame do vídeo-EEG, o pai não a acompanhou e, mais do que isso, foi o motivo pelo qual sua mãe a deixou sozinha à noite. Ela justificou que não acompanharia Flora durante a noite, pois precisava cozinhar para o marido.

A vontade de ter alguém que cuidasse dela e de receber do pai as mesmas atenções que dava às amantes rapidamente transformava-se em uma resposta onipotente de bastar-se sem o amor alheio. Tomava como certo que não teria amigos e que a afeição da mãe destinava-se à irmã, poupando-se da frustração de expectativas que pudesse formular.

Em determinado momento, Flora relatou uma lembrança que considerava sem importância e vaga. Quando pequena, presenciou sua irmã debater-se em uma convulsão e ser carregada nos braços do pai, às pressas, para um hospital.

Uma das queixas que Flora trazia para as sessões era a predileção da mãe por essa irmã, preterindo-a. Por outro lado, também reclamava do intenso controle exercido pela mãe em função de suas crises, que eram igualmente frequentes. Certa ocasião, em uma de suas sessões, Flora usou duas vezes o mesmo número – trinta – ao referir-se à frequência de suas crises e às repetidas ligações que a mãe fazia ao seu celular.

Esses números, talvez um pouco exagerados, estavam bastante de acordo com a tendência de Flora por chocar. Já em sua primeira sessão, ela se apresentara como sendo alguém sem amigas e a quem as meninas chamavam de "cobra". Ela contava de muitas situações que davam a ver o tipo de relacionamento sedutor que estabelecia com os meninos e a rivalidade presente no contato com as colegas, para as quais endereçava muitas queixas quando se tornavam amigas. Confessou que, de início, sofria com a reação das pessoas em relação às suas crises, que chamavam de "monstruosidade", mas que havia desenvolvido maneiras outras de encarar a situação. Então passou, propositalmente, a assustar aqueles que se mostravam amedrontados, dizendo que era bom cuidar para que não se contagiassem. Isso, de fato, constituiu um movimento comum realizado por Flora como proteção psíquica. Com o medo da exclusão, Flora adiantou-se e afastou aqueles que gostaria de ter a seu lado. É como se, antecipando o sofrimento, ela pudesse ter algum controle para minimizá-lo.

Em sua fala, chamava a atenção o fato de se referir às suas crises como sentindo-se passiva a elas. Dizia: "Deu em mim e eu fiquei me debatendo por alguns minutos, ficou lá dando em mim" ou "me jogou no chão". Tais falas sugeriram a pergunta sobre quem fazia tais coisas. Foi então que ela contou que, levada por um namorado, conhecera um centro espírita, e lá recebera um *status* diferenciado. Conta, com certo orgulho, que se referiram a ela como alguém em proximidade com os espíritos negros, e que sofreria muito se não desenvolvesse seu dom. Ali, era como se Flora tivesse algo de especial, uma sensibilidade além da dos demais. O interessante é que, escutando-a, não parecia que Flora acreditasse realmente nos espíritos que a possuíam. Era como se ela ficasse fascinada com o olhar direcionado a ela por aqueles que acreditavam, e o brilho fálico com que ficava revestida a levasse a manter a brincadeira.

A atração de tais respostas foi tanta que sua família, a qual sempre cultivou os costumes cristãos, começou a procurar acolhimento no espiritismo. Em momentos de maior frequência das crises, passaram a chamar pessoas que pudessem intervir com os espíritos. Essa nova crença familiar foi palco para o aparecimento da rivalidade de Flora com sua cunhada. Esta última, que também principiou a ter indicativos de interferência dos espíritos, desviou parte do interesse da família.

Durante o processo comigo, sempre que se aproximava de conteúdos que pudessem implicá-la em sua escolha, Flora recorria a histórias sobre sua sensibilidade aos espíritos. Por outro lado, não acreditava na possibilidade da cunhada estar possuída, entendendo suas atitudes como uma forma encontrada por ela para ser "paparicada" pela família. Mesmo em relação a si mesma, falava da dúvida sobre até onde deveríamos atribuir responsabilidade aos espíritos e quando começava o problema com ela. Dizia ser confortável ter encontrado certa compreensão nos centros espíritas, pois era muito perturbador não fazer ideia do que se passava em seu corpo e não poder contar com os médicos, que não descobriam o que era. Essas colocações não eram feitas em tom de fragilidade. Era aí nesse mistério especial que parece que Flora se sustentava. "Os médicos falam que eu tenho algo raro e que nem eles podem explicar". Havia um prazer especial em ver os médicos, de quem se viu dependente desde criança, debaterem-se na impotência por não entender seu padecimento. Entretanto, percebia que certas coisas escapavam à explicação espírita. Foi seguindo esse fio estranhamente familiar que conseguimos construir um trabalho. Por essa brecha dada justamente pela estranheza.

De fato, Flora é possuída, mas quem sabe não por espíritos ou demônios, como julgavam. A possessão conjuga em si dois aspectos. Se, por um lado, ela é tomada por uma entidade que a coloca como passiva, deixando-se possuir como não o faz em sua vida amorosa, para Flora o poder fálico do que encarna também a torna poderosa. A maneira como ela fala disso é justamente dando a ver que ela tem algo que o outro não tem.

O prazer demonstrado por Flora quando "examinamos" suas crises faz lembrar aquele relatado por Freud (Breuer; Freud, 1895/2003) sobre a expressão de prazer no rosto de Elisabeth von R. quando tinha sua perna dolorida examinada. Esses exemplos indicam que, no sofrimento desses sintomas, também se encontra prazer.

As expressões "ser possuída" e "dar", utilizadas por Flora para se referir às convulsões, não deixam de aludir também à sexualidade. Retomemos a ocasião da primeira crise. Flora brincava com um amigo e, ao rolar no chão com ele, algo se deu que a levou à crise. O olhar de desaprovação da mãe incrementava o conteúdo sexual da brincadeira. A excitação sentida não encontrou outra expressão senão a convulsão. As fantasias em jogo possivelmente se relacionavam a esse pai que ela diz "sem-vergonha" e que reclamava a feminilidade da filha: "Flora, você parece um moleque desse jeito!"

Ao mesmo tempo em que não se aproximava afetivamente da filha, o pai deixara uma marca de sedução trazida na expressão "sem-vergonha". A mãe não ocupava o espaço de objeto de amor do marido, preocupando-se apenas com o que os vizinhos pensariam desses casos extraconjugais, deixando à filha a tarefa de agir em relação a isso. No que concerne à sexualidade, Flora dispunha de dois modelos identificatórios. De uma parte, a mãe, que, muito religiosa, era contra sexo antes do casamento. Por outra, o pai, cujo exercício sexual era tido como "sem-vergonha", por envolver traições.

Na vida sexual adulta de Flora, as preocupações da mãe ainda eram presentes e geravam ambivalência. Apesar de ter se apresentado nas primeiras entrevistas dizendo-se bastante resolvida, falando que inclusive dava aulas sobre sexualidade na escola, aos poucos foi aparecendo o impedimento de usufruir de fato de sua genitalidade.

Se Flora ridicularizava a mãe por suas preocupações morais e, propositalmente, a impactou ao contar que já não era mais virgem, dizendo "Ih, por aqui já passou muita coisa!", passaram a se delinear nas sessões escolhas amorosas em que o sexo não estava presente, fosse por causa das crises, fosse porque, quando envolvida afetivamente, faltava-lhe o desejo. O usufruto da genitalidade ficava, então, impedido, denunciando um conflito.

Voltemos então à sexualidade envolvida na possessão. Em um trabalho de 1923, "Uma neurose demoníaca no século XVII", Freud (1923/2003a) trabalha a ideia de que os casos de possessão correspondem às nossas neuroses e que, por consequência, para explicá-los precisamos recorrer aos poderes do psiquismo. Aos seus olhos, os demônios seriam desejos maus e represensíveis originados por impulsos repudiados e recalcados.

Nesse texto, Freud (1923/2003a) focaliza a ideia do demônio como substituto paterno. Transpondo-se este conceito ao caso de Flora, ser possuída pelo demônio seria, portanto, ser possuída pelo pai. Voltemos à cena da irmã que, desfalecida, fora carregada por ele em seus braços. Essa visão parece ter colocado a Flora um enigma que ela reencena em suas crises. O que é preciso ter para ser possuída pelo pai e preferida pela mãe? Percebe-se uma identificação de Flora com a irmã e a suposição de que esta portaria um saber a ser aprendido. O engano está em localizar esse poder na convulsão.

É sua mãe, entretanto, que o sintoma parece solicitar. Flora tem para com a mãe um grande ressentimento por perceber seu interesse desviado de si. Trata-se de uma reivindicação antiga, de que recebe pouco de sua mãe. Comparações sobre o que a irmã recebe tomam grande parte de seu relato. Fala disso como se sentindo injustiçada e traída pela mãe. Ao mesmo tempo em que o enigma de seu sintoma colocava à mãe uma distância, uma impossibilidade de saber sobre algo íntimo da filha, também lhe solicitava interesse e cuidados. A mãe é quem assistiu à maior parte das convulsões, a mesma mãe que descuidou de seu casamento e de Flora para endereçar seus interesses para a filha mais velha. Poderíamos ir além, transformando sua crise numa fala endereçada à mãe: "já que você descuida de mim, o demônio me possui!"

Em uma discussão sobre o texto "Uma neurose demoníaca no século XVII", Renato Mezan (1985) inclui uma interpretação complementar à possessão demoníaca. Alguns elementos trabalhados levam a crer que o demônio não é apenas um substituto paterno, e sim um misto de pai e de mãe. "A representação do Diabo, dissemos, é próxima da da mãe; ele vive no centro da Terra (figuração do ventre materno), está ligado ao fogo e aos odores fortes [...]" (Mezan, 1985, p. 530). No caso trazido por Freud no texto de 1923, o Diabo que possui o pintor também apresenta seios, aludindo ao corpo materno (1923/2003a, p, 91). "Desta forma, explica-se que o Diabo concentre em si a agressividade da relação hostil com o pai, e as características de sedução que derivam de sua origem materna. Ele é, efetivamente, um misto de pai e mãe [...]" (Mezan, 1985, p. 531).

No caso de Flora, isso faz muito sentido. A menina parece conjugar identificações e direcionar investimentos amorosos ambivalentes, tanto em relação à mãe quanto ao pai. De fato, a relação de Flora com sua mãe reúne sentimentos de atração e repulsa. Sua superproteção e controle são reclamados nos dois sentidos do termo: reclama por tê-los e reclama em função de tê-los. Convulsiona, então, para não se deixar possuir por ela, convulsão esta que, apesar de aludir à luta, também denuncia o deixar-se possuir.

A relação com os homens por uma via sensual e de sedução é sua forma principal de estabelecer vínculos afetivos e representa um dos motivos dos embates com a mãe. O sofrimento maior de Flora estava situado nessa vinculação ambivalente com a mãe e sua também ambivalente identificação com o feminino disponível nesse modelo. É como se Flora desvalorizasse o feminino apresentado pela mãe, que não dispõe de sua sexualidade, mantém-se presa a valores morais e aparências e nada faz em relação às traições do marido. No entanto, ela não encontra outra maneira de ascender à sua feminilidade sem passar por essa referência materna. Ela debate-se, também, na busca por não se deixar tomar pelo modelo materno.

A outra saída encontrada foi pela via da identificação com o ser "sem-vergonha" do pai, o que a fez propor situações triangulares entre namorados e ex-namorados, despertando ciúmes e dúvidas sobre possíveis traições. Sua tentativa foi a de assim poder desfrutar de uma sexualidade dita bem resolvida, mas que em pouco contempla uma posição feminina, estando mais a serviço de lançar um desafio. Desafiava os homens a mostrarem-se à altura de seus atributos de *femme fatale*. Desafiava a mãe a suportar a sexualidade inequívoca da filha. Ela mostrava-se sedutora na relação com diferentes homens, mas quando podia consumar seu aparente desejo, eventos externos a atrapalhavam.

No convulsionar de Flora parecem estar contempladas essas duas posições identificatórias. Por um lado, entrega-se aos prazeres pulsionais, enquanto, por outro, resguarda-se como uma religiosa. Freud (1908/2003a) descreve um exemplo de como o ataque histérico pode conjugar posições identificatórias opostas em uma mesma crise. Ele fala da menina que, durante a crise, despia-se levantando o vestido com uma mão enquanto que, com a outra, procurava cobrir-se. Essa é uma imagem que facilmente permite uma aproximação com o caso de Flora, por seu conflito interno semelhante. Nossa paciente não usava vestidos, mas com uma mão seduzia seus homens, enquanto que com a outra os impedia de se aproximarem.

Para Freud (1923/2003a), a diferença de sua obra para a forma de pensar a possessão na Idade Média está em eliminar a projeção dessas entidades mentais para o mundo externo. Diante de casos como o de Flora, vemos os múltiplos sentidos da crise contemplados e o recurso ainda corrente da possessão como explicação das convulsões. Nesse aspecto, a Idade Média não está assim tão distante, o que torna ainda mais necessário o resgate de posicionamentos como os de Freud, de tomar esses casos como objetos de escuta psicanalítica, para que tais pacientes tenham a chance de lidar com seus demônios sem se deixar possuir por eles.

O *Unheimliche* na clínica

Está certo que o encontro com uma parte de si que não é controlada pela consciência, sendo determinada por um outro interno, é parte de qualquer análise. Todavia, quando o estranho se apresenta em uma intensidade tal que fique difícil integrá-lo como parte de si mesmo, as respostas são buscadas fora.

O que pretendo sublinhar no fragmento trazido sobre o caso de Flora é a possibilidade de aproveitar esses sentimentos estranhamente familiares como abertura para um trabalho. É ali, onde existe uma pergunta que deixa o paciente intrigado com a intensidade do estranhamento causado, que podemos inaugurar uma investigação ainda não empreendida. Tal sentimento, quando aparece na análise, deve ser tomado como via de trabalho justamente porque denuncia algo estranhamente familiar e, assim como o sonho, deve ser entendido como retorno do recalcado. Está aí a importância de, assim como Freud, valorizarmos o *Unheimliche* e estarmos preparados para escutá-lo na situação analítica.

Trata-se de uma descoberta importante: a de que há, realmente, dentro de cada um, algo que se desconhece e que leva o sujeito a funcionamentos que ele próprio não compreende. Há, de fato, um estranho dentro de todos, mas esse estranho, *Unheimliche*, para Freud, é o inconsciente se fazendo presente.

Como no encontro de Freud consigo mesmo, na imagem de si refletida na porta do trem (1919/2003, p. 247)[2], o paciente precisa fazer o trajeto para o reencontro com esses aspectos recalcados que ressurgem.

---

[2] Trecho citado por Freud (1919/2003) em seu texto "O estranho", em que estranha ao achar que um desconhecido estava entrando em sua cabine quando, na realidade, tratava-se de sua própria imagem refletida na porta.

O caso Flora traz um elemento que não estava presente nos casos Marco e Denis. Ele coloca em discussão o recurso de explicações demoníacas que nomeiem o padecimento histérico. A partir desse caso, podemos supor a existência de muitos outros casos de histeria que circulam entre instituições médicas e religiosas em busca de explicações para o padecimento no corpo.

Outro aspecto específico deste caso é o fato de tratar-se de um caso de histeria em mulher. Nele podemos acompanhar claramente o envolvimento das marcas da relação pré-edípica com a mãe no engendramento da histeria, tal como apontou Freud (1931/2003), em 1931.

Este capítulo, que pretendeu apontar um sentimento comum diante da crise pseudoepiléptica (o *Unheimliche*), sugere que a explicação demoníaca para o fenômeno se apresenta como atraente para muitos desses pacientes. Ao acompanharmos o caso de Flora, supomos que, assim como o dela, outros casos de histeria podem estar, surpreendentemente, ainda hoje encobertos por explicações demoníacas.

Estas constatações justificam a escrita do capítulo seguinte, que procura problematizar a dificuldade de reconhecimento da histeria em certas situações.

4.

A GATA BORRALHEIRA DO SÉCULO XXI

Há muitos e muitos anos, num majestoso castelo de um país distante, vivia um nobre senhor viúvo em companhia de sua filha, Cinderela. Certo dia, sentindo que vivia muito só, resolveu contrair novas núpcias com uma senhora também viúva e que tinha duas filhas: Eufrásia e Pancrácia. A princípio tudo correu às mil maravilhas, mas certo dia, gravemente ferido em uma caçada, o pai de Cinderela faleceu. Daquele dia em diante, tudo mudou para Cinderela, pois sua cruel madrasta principiou a maltratá-la e a tirar tudo o que ela possuía em benefício das próprias filhas. Todos os dias, era obrigada a varrer o castelo, cozinhar e lavar a roupa de toda a família. Como passava a maior parte do tempo na cozinha, junto ao fogão, suas perversas irmãs apelidaram-na de Gata Borralheira...

(Barreto, *A Gata Borralheira*, 1960)

O que aconteceu com a histeria após ter ficado órfã dos pais que a consagraram e lhe deram legitimidade no campo da patologia? Este capítulo procura abrir uma discussão que se impôs a mim quando, escutando casos de pacientes com crises pseudoepilépticas, remeti-me à categoria de histeria. Afinal de contas, existe ainda a histeria nas formas espetaculares e floridas, com conversões e teatralidade? E, se existe, onde estão os trabalhos atuais que versam sobre o tema, que se propõem a escutar suas dores e seus conflitos?

Diante de tantas mudanças culturais, muitos se perguntam como seria possível um padecimento análogo àqueles encontrados no século XIX. A própria sexualidade, apontada por Freud como estando na etiologia da histeria, é hoje usada como argumento para justificar a morte daquela que já foi a prima-dona da Psicanálise em outros tempos.

Com efeito, a repressão maciça sofrida por Anna O. e suas contemporâneas em relação à expressão da sexualidade já não é vista com frequência atualmente. Acompanhamos diariamente pela mídia apelos eróticos e discussões sobre sexo que apontam para uma mudança não só na maneira de lidar com o sexo como também no papel da mulher na sociedade. Não obstante, esse argumento, quando apontado para decretar o óbito da histeria, denuncia um problema metapsicológico. É preciso estar atento à distinção feita por Freud entre sexualidade e genitalidade. Trata-se do mesmo erro indicado por Freud (1910/2003) em "Sobre a psicanálise silvestre", em que a confusão de conceitos leva certo médico a sugerir que sua paciente deveria casar-se ou encontrar um amante para curar-se de seu padecimento. Freud (1910/2003) comenta que a Psicanálise efetua uma extensão do conceito de sexualidade para além do sentido ordinário, e quem não compartilha dessa concepção de psicossexualidade não deveria evocar os princípios da Psicanálise.

Apresento, agora, uma experiência entre colegas psicanalistas que pode servir para considerações pertinentes. Algumas vezes, comentando sobre a proposta de minha pesquisa, fui interpelada sobre como eu estaria entendendo a atualidade da histeria e como seria possível pensá-la diante de uma maneira tão distinta da sociedade atual em lidar com a sexualidade. Esse comentário, escutado com frequência e de fontes distintas, motivou meu interesse de ocupar uma parte deste capítulo para ensaiar uma resposta.

A sexualidade e a histeria

O primeiro ponto que me instiga está ligado a essa certeza difundida de que haveria na atualidade uma liberdade sexual que não justificaria mais a operação do recalque em moldes que poderiam criar uma histeria. Poderíamos supor que, devido aos meios de comunicação tratarem de sexo frequentemente e a cada vez menor veiculação da virgindade como um valor a ser mantido até o casamento, os conflitos em relação à sexualidade estariam, portanto, minimizados. Não apenas o sexo não é mais sinônimo de obscenidade na sociedade de maneira geral, como ele é esperado e causa estranheza sua ausência.

Lembro-me agora de uma paciente que, vinda de uma família muito religiosa, falava do valor da castidade como provavelmente há décadas atrás alguém contaria de sua defloração. Aos 28 anos, essa mulher dedicada e competente profissionalmente é ainda virgem e diz pretender manter-se assim até suas núpcias. Isso, no entanto, é motivo de preconceito por parte dos amigos e de conflito para a própria paciente. Parece-me, então, que a suposta liberdade sexual não se sustenta quando interrogada mais de perto. Essa jovem denuncia que, mesmo hoje, como em todos os tempos, somos confrontados com ideais culturais a seguir e com costumes que permeiam a prática sexual. Vemos, portanto, um imperativo de uma vida sexual ativa e satisfatória que não me parece tão menos opressora quanto o valor da virgindade.

Respondendo a isso, vemos pessoas relatando seus desempenhos sexuais, dando a entender uma bem resolvida relação com o sexo. Todavia, as reflexões psicanalíticas correm um risco grande quando apoiadas na superficialidade desses relatos. Esse tipo de conclusão não deveria ser tirada no "atacado". Falamos de algo que só pode ser compreendido, de fato, quando há espaço para a escuta – é um trabalho artesanal, feito caso a caso.

Faço essa ressalva a partir do desencontro que escuto na clínica entre o discurso aparentemente bem resolvido e a dor subjacente a ele. Procurarei fundamentar minha posição com um fragmento do caso de Flora, já anteriormente apresentado no capítulo "*Das Unheimliche* no corpo".

Em suas primeiras entrevistas, Flora tentava manter uma aparência de uma pessoa sexualmente bem resolvida. Falava das dificuldades de sua mãe no tocante ao sexo e de sua diferença em relação a ela. Diferentemente da mãe, que não abordava o tema, Flora dava aulas sobre sexualidade em uma escola e apresentava-se aos alunos como alguém dada aos prazeres eróticos. Para a mãe, Flora causava espanto ao falar dos diferentes encontros genitais de maneira despreocupada.

Em sua forma de abordar o assunto nas sessões iniciais, percebi sua intenção de me impressionar. Tal como a mãe, eu ficaria surpresa com seu desprendimento sexual, com seu poder de *femme fatale*.

A situação, no entanto, mostrou-se mais complexa. Escutando-a com mais cautela, entendi que se tratava apenas de uma aparência. Era uma tentativa de esconder seus impedimentos e conflitos aparentando liberdade. Sem destituí-la imediatamente desse lugar defensivo de supostamente autorizada a exercer sua sexualidade, entendi que Flora precisava ser escutada de outro modo. Aos poucos, começou a aparecer um outro aspecto, em que o fracasso inicialmente era atribuído a fatores externos.

Começava a surgir uma Flora que, apesar da prática do sexo, não conseguia usufruir de sua genitalidade, que não tinha acesso à feminilidade e à possibilidade de deixar-se tomar pelo outro em um encontro erótico de prazer mútuo. Hugo Mayer (1989) afirma que o que interessa à histérica "[...] é despertar o desejo de um homem, mais do que alcançar o prazer sexual com esse companheiro" (p. 58). Não se trata, portanto, de levar ou não a cabo uma relação sexual, mas do que é experimentado nessa vivência.

No caso de Flora, por suas escolhas, vamos descortinando conflitos e encontrando um sujeito que padece. Falava principalmente de três parceiros. Com o primeiro, um homem mais velho, que conheceu na função de professor, desenvolveu um relacionamento inicialmente platônico, repleto de idealizações. Quando iniciado o namoro, o homem temia um contato sexual, que passou a ser postergado e nunca realizado até o final da relação.

O segundo homem, bastante trazido às sessões, é o ex-namorado. Com ele, sua amizade, segundo ela, afetou sua vida sexual. Não conseguia vê-lo como um homem digno de ser desejado, e a solução encontrada foi encerrar paulatinamente a prática sexual e manter um namoro sem sexo. Gostava de tê-lo como companheiro, mas não se permitia ser mulher junto dele. O destino desse namoro foi o fim.

Assim que terminou com esse segundo homem, Flora conheceu Bruno, que se dizia apaixonado por ela. Flora tinha uma orientação da mãe de que não seria correto namorar outra pessoa sem que antes transcorressem, ao menos, seis meses. Além disso, dizia pensar, de fato, que o ex-namorado merecia consideração. Nesse primeiro momento, aceitou manter com Bruno apenas uma amizade. Levou-o, então, como amigo, para assistir a uma partida de futebol, em que jogava o ex. Percebeu que este último mostrou-se enciumado ao vê-la com outro nas arquibancadas. Foi então que, acometida de uma crise, Flora desmaiou nos braços de Bruno, que a beijou diante de todos.

Foi assim que teve início esse terceiro namoro. Não sendo possível assumir seu desejo por Bruno nem o de deixar o ex--namorado enciumado, sobreveio a crise. Apenas com esta pôde aparecer a cena que traz em si tais inclinações. Flora não parecia ter consciência dos jogos triangulares que fazia. Não tinha contato com seu desejo de ver o ex-namorado desejá-la de longe ao vê-la com outro. Também não conseguia sustentar que, estando atraída por Bruno, ficaria com ele, independentemente da aprovação da mãe. Esta trama complexa de desejos e impedimentos pode ser contemplada na cena criada com a crise.

Com Bruno, Flora dizia querer transar, mas havia um problema. Bruno era virgem, e seria preciso ensinar-lhe a "arte do sexo". Contudo, nessa época, suas crises estavam muito intensas, chegando à frequência de trinta vezes ao dia. Inicialmente, Bruno a compreendia e estava ao seu lado, mas isso começou a chateá-lo e a afetar seu desejo por Flora. Mais um namoro se encerrava, e Flora disse, muito decepcionada, que quando Bruno propôs o fim do namoro e a viu convulsionar em sua frente, ele a deixou sozinha e foi embora.

Neste fragmento de caso interessa-me problematizar a suposta liberdade sexual da sociedade contemporânea. Nesta discussão parece-me relevante procurarmos entender de que sexualidade falamos quando encontramos o recalcamento na clínica, mesmo à revelia do discurso libertador sobre o sexo em nossa sociedade.

O revolucionário na teoria freudiana foi justamente a inclusão da sexualidade infantil no espectro da sexualidade. A genitalidade passa a ser apenas uma das formas de vivência da sexualidade e está marcada pela maneira como foram experimentadas as formas anteriores.

O que estaria em jogo em um conflito não seria apenas o que foi vivido recentemente, mas tudo aquilo que reativa a sexualidade infantil recalcada. Independentemente da naturalidade com a qual a mídia apresenta, por exemplo, cenas de sexo nas novelas, não nos podemos esquecer de que todo sujeito está marcado pelos destinos de sua sexualidade infantil. Ministrar aulas sobre sexualidade, por exemplo, não garante a Flora a dita relação bem resolvida com o sexo.

Não pretendo, com isso, desconsiderar o papel da cultura como complicador na tarefa de um sujeito de ascender à genitalidade. Sem dúvida, a repressão cultural pode ter efeitos muito devastadores, já abordados por Freud (1908/2003b) em "Moral sexual civilizada e doença nervosa moderna". Não há dúvidas também de que a cultura atual precisa ser estudada para a compreensão, por exemplo, dos efeitos possíveis desse apelo à extraordinária *performance* sexual e da contínua transposição do privado ao público apoiada na justificativa de liberdade.

Nesse contexto, é possível surgirem reportagens como a publicada pela revista *Veja* (2008), intitulada "A vida sem muito sexo", que aborda o exagero do dito em relação ao sexo pelos brasileiros. Na capa, a chamada dizia "Sexo, as mentiras que todo mundo conta", sugerindo que, ao falar de sexo, os brasileiros exageram sua frequência sexual. Com respeito ao tema, as mentiras contadas hoje em relação ao fazer parecem análogas às ditas em outros tempos sobre o não fazer. Essa também foi a posição adotada pelo psicanalista Renato Mezan em entrevista concedida às autoras da reportagem. Ele afirma: "A liberação sexual trazida com a contracultura resultou em um ideal tão coercitivo e tão difícil de ser atingido quanto o modelo de renúncia e castidade do período pré-revolução" (Veja, 2008).

Voltemos, então, ao conflito intrínseco à sexualidade. Em sua constituição, a sexualidade está ligada às figuras parentais, e em seu desenvolvimento é possível que se desligue dos objetos incestuosos para dar lugar ao investimento exogâmico. Nesse jogo de identificações e escolhas amorosas próprias da conflitiva edípica é que encontramos os conflitos reeditados pela histeria. Na condição histérica, vemos um sujeito edípico envolvido em um drama com enredos triangulares.

De fato, então, a histeria está intimamente relacionada à sexualidade, mas à sexualidade infantil. Novas formas de manifestação da genitalidade não garantem igual alteração na maneira de vivenciar o Complexo de Édipo e a castração. Não são os corpos desnudos em TV's e revistas que modificam a impossibilidade de certos sujeitos furtarem-se ao desejo do outro e à necessidade de se manterem sob o brilho fálico desse desejo. Não impedem que, no íntimo das relações amorosas, existam inibições ligadas associativamente ao medo e desejo do incesto. É no Complexo de Édipo que encontraremos a fonte dos desejos proibidos que participam do conflito histérico e que o sujeito colocará em jogo, em suas relações, a lógica "fálico X castrado" que rege tal conflitiva.

A atração de novos diagnósticos

Um segundo ponto que talvez contribua para o não reconhecimento da histeria parece ser a consagração de novos diagnósticos. Sem dúvida importantes, as articulações para novos caminhos e para a escuta de outros padecimentos não devem ofuscar a escuta nem desvalorizar o que já foi reconhecido como sofrimento.

Muitas vezes, nuances do caso podem também dificultar o reconhecimento da histeria. Este pode ser um elemento a mais para uma discussão, mas que não desenvolveremos neste trabalho, sobre a atualidade da clínica das neuroses na Psicanálise. Algumas vezes, fica a sensação de que a verificação de aspectos mais árduos na trama de uma neurose é facilmente sucedida por uma avaliação da neurose como algo diferente e mais grave, como se ela não o fosse. Surgem diagnósticos como o *borderline*, que muitas vezes abriga dúvidas diagnósticas relacionadas a diferentes patologias.

Christofer Bollas (2000) se refere a essa tendência e justifica a escrita do seu livro, intitulado *Hysteria*, justamente pela constatação, junto a colegas e supervisionandos, de que, diante da histeria, muitos recorrem erroneamente ao diagnóstico *borderline*. O abuso desse diagnóstico pode explicar, em parte, o desaparecimento, em alguns grupos psicanalíticos, da categoria de histeria.

Além disso, a tendência de certas vertentes psicanalíticas em privilegiar as vivências primitivas e experiências arcaicas em um caso clínico pode desviar o analista dos conteúdos edípicos do caso e favorecer um olhar analítico que coloque o Complexo de Édipo em segundo plano. Diante disso, é possível que patologias fundamentalmente apoiadas na conflitiva edípica e no complexo de castração sejam também deixadas de lado.

Em um artigo bastante provocativo, André Green (1995) pergunta se a sexualidade teria alguma coisa a ver com a Psicanálise. Nesse artigo, afirma perceber que a sexualidade, muitas vezes, não tem mais sido considerada fator principal no desenvolvimento infantil nem determinante etiológico para o entendimento clínico da psicopatologia. Considera a possibilidade de se estar superestimando o papel da sexualidade na clínica atual, mas concluiu que não. Percebeu que nos congressos a que assistia a sexualidade estava presente no material clínico, mas muitas vezes era escutada pelo analista como uma defesa que deveria ser conjugada a outros aspectos ocultos "além" da sexualidade, ou supostamente acontecidos "antes" dela.

Para Green (1995), o foco contemporâneo nas relações objetais, as fixações pré-genitais, a patologia *borderline* e as teorias e técnicas desenhadas a partir da observação de crianças contribuíram para obscurecer a importância da sexualidade na teoria e na prática psicanalítica. A proposta de seu artigo é restaurar a importância da sexualidade genital e devolver o Complexo de Édipo ao seu lugar central. Seu texto propõe muitas críticas e ideias que não são pertinentes a esta pesquisa aqui apresentada, mas ao menos em um ponto parecemos concordar: a conflitiva edípica é frequentemente negligenciada nos trabalhos clínicos em favor de elementos pré-edípicos que supostamente seriam mais profundos.

Essa temática pode ser aprofundada ao acompanharmos o relatório de Jean Laplanche (1974) a respeito da mesa-redonda internacional, acontecida em Paris durante o 28º Congresso Psicanalítico, intitulada "Panel on 'hysteria today'". Nesse relatório, Laplanche (1974) deixa clara a diferença de concepções dos diferentes palestrantes acerca da histeria. Nas colocações de colegas da plateia, tornou-se ainda mais enfática a diversidade de olhares sobre a histeria. Um desses psicanalistas, Martin James, de Londres, posicionou-se afirmando que a histeria não deveria mais ser mantida como uma categoria nosológica, já que o acento deveria ser posto no desenvolvimento primitivo. A posição freudiana parece ter sido vigorosamente mantida pelos palestrantes Alfredo Namnum, de Cidade do México, e David Beres, de Nova Iorque, que acreditavam expressarem-se na histeria fantasias recalcadas de origem edípica.

Nessa discussão, André Green, também palestrante, afirma que a referência exclusiva à oralidade e a consideração da sexualidade como defesa parece mais uma denegação do que um avanço teórico. Nessa mesma linha, Laplanche (1974), enquanto relator, coloca seu ponto de vista e afirma não confiar na dessexualização da Psicanálise que percebe claramente nas teorizações modernas.

A partir desse referido relatório de Laplanche (1974), é possível fundamentar minha impressão de que tais posicionamentos teórico-clínicos que privilegiam o pré-edípico, e não o edípico, possam dificultar o reconhecimento da histeria na clínica.

Em outro contexto, as orientações terapêuticas que se apoiam em noções descritivas dos padecimentos ganham hoje muito espaço. Novos conjuntos de sintomas são divulgados pela mídia, e os pacientes identificados com as características apresentadas são atraídos pela possibilidade de nomear seu sofrimento. "Novos diagnósticos" então ganham terreno: depressão, pânico, fibromialgia etc. Além disso, essas patologias divulgadas pela mídia servem de apoio para manifestações histéricas, que se inspiram em estímulos culturais para expressão no corpo de conflitos psíquicos, propiciando a criação de verdadeiras epidemias.

Num dos manuais de Psiquiatria mais conhecidos, o DSM-IV (American Psychiatric Association, 2002), a histeria deixou de ser uma categoria vigente. Podemos ainda reconhecer algumas de suas características em categorias de transtornos espalhadas ao longo do manual. Se, por um lado, essa exclusão da histeria é compreensível, já que esses manuais se propõem descritivos e ateóricos, por outro, essa alteração permite conclusões de que a categoria de histeria deixa também de ser vigente clinicamente.

Esse tipo de conclusão ganha ilustração na seguinte afirmação: "O quadro clínico da histeria encolheu ao longo dos anos, e para isso contribuíram uma melhor definição e a uniformização dos critérios diagnósticos, que resultaram numa ampla modificação da nosologia dos transtornos mentais" (Matos; Matos; Matos, 2005, p. 54).

Tal assertiva está baseada em uma argumentação desses autores de que certos transtornos depressivos e de ansiedade, como a síndrome do pânico, por exemplo, foram anteriormente tratados como histeria de forma errônea, e hoje podem ser mais bem reconhecidos devido à apreciação dos sintomas proposta pelos critérios diagnósticos vigentes. Poderíamos sugerir, sem necessariamente nos contrapormos a essa ideia, que esses novos transtornos consagrados pela mídia tenham ganhado proporções epidêmicas pelo efeito sugestivo que sua divulgação exerce em pacientes histéricos.

Em relação ao apelo de novos diagnósticos, também a Psicanálise está inserida nesse contexto e é tocada por essa demanda que surge na clínica. No entanto, esses conjuntos destacados de sintomas não necessariamente respeitam os limites diagnósticos psicanalíticos. Quero dizer com isso que a proposta descritiva de certos diagnósticos psiquiátricos não pode ser "importada" para o campo da Psicanálise sem a devida cautela.

Em sua conferência intitulada "O sentido dos sintomas", Freud (1917/2003) já criticava a posição da Psiquiatria frente aos sintomas. Ele argumenta que a Psiquiatria apenas dá nomes às diversas obsessões, sem nada acrescentar a isso.

Muitas vezes, tomar os sintomas em primeiro plano pode dificultar o reconhecimento da organização psíquica na qual estão ancorados. Desmembrada em conjuntos de sintomas, a histeria pode perder clareza. Como em uma pintura cubista, mal podemos integrar as partes em um todo, tamanho o destaque e desorganização de certas partes. Não digo com isso que eu entenda os sintomas como algo sem importância. Ao contrário, o sintoma é muito significativo quando compreendido como uma formação psíquica fruto de um trabalho inconsciente, que fala de uma organização psíquica e de uma dor que merecem escuta. Nem proponho que devêssemos reduzir todas as manifestações psicopatológicas atuais à histeria. Minha posição consiste em não aceitar de maneira natural um fenômeno como uma nova patologia. Devemos entender se há aí um novo engendramento conflitante do qual nossas formulações desenvolvidas até então não dão conta. Não são novos sintomas que apontarão para novas configurações psicopatológicas, pois, caso contrário, haveríamos de ter tantas psicopatologias quantos conjuntos de sintomas encontrássemos. Não é possível nos deixar hipnotizar pelo sintoma, é preciso colocá-lo em seu lugar: o lugar de uma formação psíquica que responde a um conflito cujo sentido será sempre construído singularmente. Só assim daremos espaço ao entendimento da dor que se funda em uma história singular[1].

---

[1] Este trabalho não desenvolverá a discussão acerca da pertinência das chamadas "novas patologias". Sobre esse tema, indica-se o livro *Complexo de Édipo*, de Nora Miguelez (2007).

Devido às importantes mudanças culturais verificadas na pós-modernidade, encontramos atualmente muitos psicanalistas estudando os reflexos dessas modificações no cenário psicanalítico. Esses estudos apontam para os caminhos mais variados (Miguelez, 2007). Todavia, verificamos que uma parte desses estudos permite concluir que a histeria se apresenta fora de moda atualmente. Esta conclusão é explicitamente enunciada no texto do psicanalista Ésio dos Reis Filho (2005), o qual propõe que, ao final do século XIX, verificou-se um "excesso de amparo", que favoreceria a histeria de conversão, enquanto que na pós-modernidade o excesso seria de desamparo, que levaria à depressão. Ele declara: "Não temos mais as histéricas reprimidas denunciando uma repressão que quase já não existe mais. Por isso mesmo, temos agora uma liberação geral de impulsos humanos, às vezes muito aterrorizantes" (p. 28).

Em relação a essa argumentação, que indica não haver mais espaço em nossos tempos para a histeria, e sim para o pânico e para a depressão, esta pesquisa se opõe em muitos aspectos. Conforme já abordado nesse capítulo, não compartilhamos da ideia de que atualmente os impulsos humanos possam ser vivenciados de forma livre. O recalque não está diretamente ligado à repressão cultural externa, apesar de ser afetado por esta. Ele se relaciona à sexualidade infantil, que, neste livro, consideramos ser ainda conflitante. Portanto, a impressão de liberdade para os impulsos sexuais é concebida, no presente trabalho, como apenas uma impressão. Além disso, mesmo que se considere a existência de novas formas de padecimento humano ou até mesmo de "novas patologias", isso não deveria levar a uma conclusão de que patologias já conhecidas percam lugar. No caso da histeria, esta investigação encontra evidências clínicas de que ela é ainda existente e merece escuta psicanalítica.

Pseudoepilepsia e histeroepilepsia

Acompanhamos, a seguir, a descrição de uma crise: "Uma fase epileptoide composta de duas partes, tônica e clônica, seguida por uma fase de grandes movimentos. Logo depois, a fase das atitudes passionais [...]" (Charcot, 1888/2003, p. 43). Esta poderia ser uma boa descrição das crises pseudoepilépticas, muito frequentes entre os consultórios de neurologistas atualmente. No entanto, trata-se de uma citação de Charcot a respeito da histeroepilepsia.

O mesmo Charcot que, precisando defender-se das acusações advindas de parte da sociedade médica de sua época, que questionava seus achados clínicos, afirmava:

> Parece que a histeroepilepsia só existe na França e eu poderia dizer – algumas vezes isso foi dito – que tão somente na Salpêtrière, como se eu a tivesse forjado pela potência da minha vontade [...] Na verdade, contudo, não sou mais que o fotógrafo: inscrevo o que vejo e me é demasiado fácil

mostrar que essas coisas não ocorrem apenas na Salpêtrière. (Charcot, 1888/2003, p. 45)

Frente a esses questionamentos de que a histeria não passava de um produto da Salpêtrière, Freud posicionou-se de acordo com Charcot, acreditando que ela não apenas estava presente naquela sociedade, mas também estava viva desde muito antes, apesar de muitas vezes sob outros diagnósticos.

Parece, portanto, que a existência da histeria também não estava posta *a priori* sem questionamentos na época de Freud, ou mesmo na Antiguidade. Trata-se de um fenômeno permanentemente posto em questão, cujo tratamento dependerá do viés adotado pela ciência que se ocupar do assunto. Se tratada como sufocação da matriz que se desloca pelo corpo, a indicação é a fumigação vaginal; se colocada como bruxaria, a fogueira; se entendida como fingimento, a desconsideração. No caso de Freud, a escuta clínica empreendida a esses pacientes mostrou que os métodos até então conhecidos não davam conta dessa psicopatologia, sendo necessário o desenvolvimento de uma nova técnica.

Na atualidade, voltamos a ver a existência da histeria ser colocada à prova. Para o senso comum, esta é uma patologia restrita à sociedade repressora do século XIX. Para os psicanalistas, muitos daqueles que acreditam na atualidade do conceito fazem a ressalva de que a maneira de manifestar-se sofreu importantes transformações, não sendo possível encontrar-se as formas dramáticas características das clínicas de Freud e

Charcot: "As histéricas de outrora, portanto, caíram de moda, e seu sofrimento hoje se oferece sob outras faces, outras formas clínicas mais discretas, menos espetaculares, talvez, que as da antiga Salpêtrière" (Nasio, 1991, p. 9).

Será? Sim, outras manifestações histéricas surgiram, sem dúvida, apoiadas nos estímulos culturais. Mas será que todas as manifestações histéricas passaram a ser discretas e não se encontram mais desmaios, contraturas e convulsões histéricas?

Proponho que as manifestações com as quais Freud se deparava em sua época continuam a existir em suas formas mais dramáticas na atualidade, mas talvez não busquem – ou não encontrem – escuta em consultórios psicanalíticos. Parece-me que esses pacientes podem ser encontrados vagando entre emergências de hospitais, onerando o Estado, desconsiderados pelos médicos, ou diagnosticados como possuindo outras enfermidades, cujo sofrimento os psicofármacos e outras modalidades de tratamento se propõem a curar.

Apresento, então, o seguinte fragmento clínico, que ilustra uma das antigas manifestações espetaculares da dor histérica sob o nome de pseudoepilepsia.

Recortes de uma escuta: o caso Clara

Clara chegou para atendimento com ar desafiador, afirmando que há cinco anos tem uma doença que ninguém descobre o que é. Essa afirmativa trouxe consigo um misto de prazer, revolta e desespero. Não apenas as crises convulsivas que levaram ao diagnóstico de pseudoepilepsia apareceram em suas queixas. Ela também sofria de crises de catatonismo e febres "inexplicáveis", que provocavam internações frequentes. A febre é o sintoma que mais excitação causava nos médicos dos hospitais que frequentava. Suas reações variavam de um fascínio acompanhado por um pedido para estudá-la até um desdém e insinuações de que não passava de uma simulação.

Claramente encontrei em seu discurso um convite para que também eu fosse fisgada pelo fascínio de seu sintoma e, como seduzida pelo canto da sereia, me afogasse no fracasso de tentar qualquer explicação. Ela já havia feito terapia, mas interrompera, pois "além de nada mudar, a psicóloga não falava nada". Logo formulou um pedido de que eu explicasse para seu marido que ela não estava fingindo, já que não aguentava mais cobranças e desconfianças por parte dele.

Pela via da desconfiança, Clara me levou associativamente a um fragmento de sua história trazido com intenso sofrimento. Quando pequena, contando três anos, sua mãe saiu de casa, abandonando a família e colocando-a à mercê da nova família que o pai constituiria. Ele desposou a empregada que, na posição de madrasta, passou a maltratá-la com castigos cruéis, preterindo-a às suas próprias filhas. Tal como a Gata Borralheira, Clara era obrigada a arrumar a casa, e sofria com o tratamento da madrasta. Segundo ela, a violência não se restringia a surras e agressões verbais, mas contava com ações cruéis que a levavam a constrangimentos importantes.

Ela tenta proteger o pai, dizendo que ele não poderia ter percebido antes em função de suas viagens frequentes. Assim que descobriu, o pai ficou a seu lado, expulsando a esposa de casa com violência.

Completando quinze anos, Clara fugiu de casa e foi buscar trabalhos de doméstica na capital, sempre cultivando a expectativa do emocionante reencontro com a mãe. O encontro de fato veio a acontecer, mas foi uma decepção para a paciente. A mãe, que não se dispôs a cuidar da filha quando pequena, passou a cuidar dos filhos dos outros, como médica em uma maternidade. Clara, ressentida, tentou morar com a mãe por algum tempo, mas não aguentou as cobranças formuladas por ela, que procurava impedi-la de sair à noite e de namorar. Imaginava que a mãe buscaria recompensar o tempo perdido, mas nunca encontrou carinho nessa relação.

Foi quando se iniciaram as febres inexplicáveis, motivo de aproximação com a mãe, que a levava aos hospitais em busca de explicações que ela, como médica e mãe, fracassara em dar. Após três anos, as crises cessaram, e ela ficou, durante algum tempo, com uma vida dita "normal", incomodada apenas pelas dores de cabeça que acompanhavam seus períodos menstruais desde o princípio.

Clara casou-se com um homem dez anos mais velho, e diz não ter podido aproveitar seu matrimônio, já que três meses depois estava grávida e novamente acometida por crises. Dessa vez, as febres não vieram sozinhas, mas intercaladas por fortes crises convulsivas e momentos de ausência, nos quais ela "congelava" na posição em que estivesse. Por conta de sua inexplicável fragilidade física, o marido e a mãe, que jamais se relacionaram bem, passaram a ter que conviver mais de perto, disputando o título de quem a conhecia melhor. Quanto ao pai, a mãe nutria um profundo ciúme diante da relação afetiva que este estabelecia com a filha. Respondendo ao pedido da filha para ver o pai, a mãe retruca, com ressentimento e raiva: "Se é do seu pai que você precisa para ficar boa, é ele que você terá".

Meses após o nascimento da filha, Clara foi submetida ao vídeo-EEG, que fez cair por terra o único diagnóstico em que os médicos se apoiavam. Não se tratava de epilepsia, e mesmo as crises convulsivas precisariam de nova explicação.

A biografia de Clara vai apontando uma trama de eventos singulares que se foram articulando em sua subjetividade. Clara mantinha relações triangulares, nas quais alguém era excluído. Com seu corpo, colocava em cena o jogo com o pai: ser vista e ser cuidada, além de escolhida em detrimento da esposa. Ela também convidava a mãe a dedicar a ela um pouco da atenção que dava aos bebês, mas a punia com a frustração de não a curar. Além da punição, a continuidade do padecer garantia a continuidade desse cuidado e desse olhar. Ela exercitava seu poder de juntar e separar aqueles que estavam à sua volta, poder este que, ao mesmo tempo em que lhe dava prazer, também a fazia sofrer.

Tanto as crises como a gravidez impediam a satisfação conjugal que Clara desejava e temia simultaneamente. Sua escolha amorosa não poderia ter sido casual. Seu marido trazia características muito similares às de seu pai, e era, inclusive, bastante mais velho. Nessa relação, portanto, o vínculo incestuoso envolvido impedia a possibilidade de prazer livre. Assim como o protagonista de *Édipo Rei*, Clara precisava de uma punição que lhe barrasse o exercício do prazer incestuoso: Édipo torna-se cego, Clara convulsiona. Nessa convulsão, entretanto, não está apenas colocada a punição, mas também a realização de uma fantasia inconsciente. Lembremos da aproximação indicada por Freud (1909/2003, p. 208) entre a convulsão e o coito[2].

A maternidade e a filiação despertaram em Clara impactos significativos. Se retomarmos a ocasião do início das febres e do retorno delas após alguns anos, verificaremos o reencontro com a mãe e o nascimento da filha. Durante uma sessão, ela contou sobre uma cena em que, segurando a filha nos braços enquanto fervia água no fogão, ela "congelou-se" e, quando voltou a si, estava com a mão dentro da panela fervendo.

Essas ausências pareciam ter o sentido de identificação com essa mãe que se ausentou em sua infância. Clara não encontra outra forma de ser mãe que não passe pelo modelo que ela teve de maternidade e feminilidade. Nessa cena apresentam-se ainda os riscos a que ficou exposta na falta da mãe e a fragilidade a que é submetido um filho cuja mãe se ausenta.

Ao falar da filha, Clara deixava ver seu próprio conflito com respeito à feminilidade. Contou a pena que sentiu por sua filha

---

[2] Essa ideia encontra-se mais extensamente desenvolvida no Capítulo "Revisitando a histeria".

por ter nascido mulher. Desvalorizava a condição de mulher e falava das vantagens de ser homem. Mayer (1989) aborda a dificuldade da histérica quanto à feminilidade e ressalta que a desvalorização da condição feminina é passada de mãe para filha. "O rechaço materno da feminilidade da filha, como também da sua própria, contribuiu para que a menina não valorize seu papel de mulher" (Mayer, 1989, p. 43).

No trabalho de Clara comigo se deram momentos em que ela precisava mostrar minha falta de poder intercaladas por movimentos de sedução e idealização. Ora eu era muito necessária e idealizada, ora ela comemorava alegremente a falta do atendimento em um feriado.

É improvável não se pensar em histeria e em Complexo de Édipo. A falha que as histéricas tão fortemente procuram esconder com seu posicionamento fálico parece denunciar-se nesse corpo imperfeito posto à mostra pela crise. O sintoma do corpo, como toda formação de compromisso, vela o conflito psíquico, mas paralelamente o desvela, mostrando algo que busca ficar desconhecido.

Essa cena, que muito bem poderia ter sido vivida no ambiente de Viena de 1800, deu-se em São Paulo, após a virada do milênio. Diante disso, intriga-me o fato de este projeto de intervenção psicanalítica com pacientes nessas situações, desenvolvido pela Divisão de Psicologia do Hospital das Clínicas de São Paulo, ser um dos pioneiros nesse trabalho. Outros muitos hospitais continuam a finalizar seus trabalhos assim que diagnosticam a crise como sendo pseudoepiléptica. Como é possível que, apesar de mais de cem anos do início da Psicanálise, esses pacientes continuem sem saber a quem recorrer?

Recebemos na clínica outras manifestações em que reconhecemos a histeria, mas a pseudoepilepsia, por sua semelhança com a histeroepilepsia, parece prestar-se bem para que esse reconhecimento seja inevitável. Na escuta clínica, essa hipótese diagnóstica de histeria ficou confirmada na grande maioria dos casos de minha pesquisa. Pacientes que passaram anos sendo tratados como tendo epilepsia de difícil controle, quando submetidos ao exame de vídeo-eletroencefalograma (vídeo-EEG), mostraram não ter qualquer foco epiléptico, denunciando que há algo além de um corpo biológico que precisa ser escutado.

Mais do que buscar um entendimento da problemática dessa paciente em especial, este fragmento de caso visa a ilustrar uma clínica que nos apresenta sofrimentos muito semelhantes aos verificados há mais de um século. Se ainda hoje temos manifestações espetaculares como essas, não haveria por que pensar que a histeria também não se apresente de outras maneiras.

Fica inviável pensar na morte da histeria, não apenas pelas exigências metapsicológicas que essa proposta colocaria, mas principalmente pelas provas clínicas que levam à conclusão contrária. Contudo, por que será, então, que, depois de muito conhecidos no terreno da Neurologia e da Psicanálise, os histéricos com manifestações convulsivas foram esquecidos enquanto objeto da Psicanálise e precisam ser redescobertos? O que será que contribuiu para essa zona de recusa que nos fez desconhecer algo tão familiar? A histeria de fato tem esse poder de desafiar seu interlocutor e tocar pontos que muitas vezes se desejaria manter resguardados. Tal aspecto fica ilustrado no caso da paciente de Freud (1900/2003) que ficou conhecida como "A Bela Açougueira". Sabendo da teoria do sonho como realização de um desejo, a paciente desafia Freud com um sonho que aparentemente contrapunha essa teoria. Ela parecia querer manter o desejo de Freud insatisfeito, desafiá-lo em seu saber. Por essa característica, essa condição psicopatológica, que já foi princesa dentro da Psicanálise, passou também por dificuldades de manejo em outros tempos, tendo sido considerada simulação ou bruxaria e punida como tal. Alguma operação parece ter acontecido também dentro da Psicanálise para que, perdendo sua realeza, a histeria muitas vezes fosse considerada pouco instigante na clínica atual.

Os histéricos, devido à sua habilidade camaleônica, encontram novas formas de se manifestarem, algumas vezes afastando-se fenomenologicamente das adotadas pelos pacientes de Freud e Charcot. Em outros casos, como vemos, contemporâneos a essas novas manifestações, convivem expressões sintomáticas espetaculares, análogas às assistidas na Salpêtrière. Assim sendo, o que se parece manter são as dores envolvidas na histeria e o privilégio do corpo como palco para a encenação do que não pode ser colocado em palavras.

Quem sabe um reencontro...

A Psicanálise, que se fundou na escuta desses pacientes, hoje pouco ouve falar sobre eles que, circulando entre a Neurologia e a Psiquiatria, continuam colocando seus enigmas para serem desvendados. Nesse território entremuros, o que não fica contemplado é o sofrimento desses pacientes, que é trazido via sintoma, e que continua sendo encenado a cada busca por emergências hospitalares. A dificuldade de reconhecimento destes como pacientes histéricos está presente dentro e fora da Psicanálise. Seja pela ideia de a sexualidade de nossos tempos não proporcionar mais o recalque tal como verificamos na histeria, seja pelo entendimento clínico das questões edípicas como secundárias, ou pela confusão diagnóstica apoiada nas novas nomeações psiquiátricas, há dificuldades para a identificação e tratamento da histeria. Por meio das queixas ao médico, possivelmente estão presentes outras muitas manifestações histéricas que não estão sendo escutadas para além do corpo físico.

Tal como a protagonista da história da Gata Borralheira, a histeria, antiga "princesa" da Psicanálise, com a morte de seus pais, acaba ficando muitas vezes relegada às "cinzas da cozinha", afastada do tratamento que merece: a Psicanálise.

5.

(In)conclusões

Para a finalização deste livro, proponho um olhar retrospectivo, para que retomemos o percurso traçado até aqui. Este trabalho parte da clínica, e nela nutre seu interesse pelo aprofundamento teórico-clínico. O trabalho nasce da surpresa no encontro com certo tipo de paciente, cujo padecimento me instigou a melhor compreendê-los.

O primeiro impacto causado por esse encontro relaciona-se ao tipo de manifestação corporal trazida por tais pacientes. São manifestações espetaculares, análogas às antigas manifestações histéricas acompanhadas por Freud no serviço de seu mestre Charcot, na Salpêtrière. A pesquisa que inspirou este livro teve início, portanto, para permitir escuta a esses pacientes, buscando compreender a organização psicopatológica que engendra tal padecimento.

Essas manifestações convulsivas sem explicações orgânicas mostraram-se fenômenos suficientemente estranhos para que sejam, ainda hoje, entendidos em alguns contextos como possessão demoníaca. Esta era a explicação usual na Idade Média, mas continua sendo frequente atualmente, quando outras possibilidades de entendimento seriam possíveis. Vimos que o recurso a explicações dessa espécie pode ser a maneira encontrada pelo paciente de ter uma inscrição de seu sofrimento na cultura. Na impossibilidade de compreenderem esses sofrimentos como fenômenos intrapsíquicos, os pacientes contam com religiões que oferecem alguma forma de entendimento. Para os familiares, da mesma forma, a angústia de ver alguém querido manifestando tais estranhezas também pode encontrar conforto quando o fenômeno recebe um nome.

Para certos pacientes, existe ainda o atrativo representado pela condição de "único" atrelada à ideia de possessão. Ter seu corpo escolhido para ser possuído, em detrimento de outros corpos, pode ter um significado bastante especial para alguns pacientes, especialmente àqueles cuja potência e atração precisam ser confirmadas a todo momento. O sobrenatural não é apenas assustador. Ele também traz em si um mistério cujo poder atribui potência e destaque também àquele que porta o fenômeno.

Além disso, entendeu-se nesta pesquisa que o recurso à explicação das crises como possessão está bastante vinculado ao efeito *unheimlich* causado pelo anúncio do não envolvimento de explicações orgânicas para o fenômeno. Com essa notícia, o médico desfaz uma operação psíquica inconsciente que engendrou o sintoma, exigindo do paciente um trabalho psíquico que realoque os conteúdos antes acomodados na manifestação sintomática. Este pode ser um momento privilegiado para o trabalho analítico, como também pode inclinar o sujeito para explicações ainda mais dissociadas de si mesmo, como as demoníacas. Pode ser a oportunidade de trazer como questão para o sujeito algo que estava suposto como orgânico. No entanto, vimos que é também possível que essa reacomodação psíquica imposta pelo diagnóstico médico leve os conteúdos para ainda mais longe de uma apropriação subjetiva, alcançando explicações sobrenaturais.

A compreensão da convulsão como manifestação de possessão demoníaca ou de espíritos, presente no senso comum, também alude à "possessão" em outro sentido da palavra, que pode apontar para o envolvimento da sexualidade contemplada nesse "diagnóstico". Nesse caso, como vimos, não se trata apenas de uma dificuldade de encontrar outro destino para os conteúdos inconscientes que ressurgem. A escolha da "possessão" como causa do problema não seria ao acaso. Ela pode trazer em si mais elementos significativos intrinsecamente vinculados à dinâmica do paciente. Nesta pesquisa, encontramos uma via de trabalho junto a esses supostos "possuídos", proporcionando espaço para que fossem falados os conflitos e fantasias envolvidos nessa possessão, possibilitando que aquilo que estava fora, colocado no espírito ou demônio que o possuía, pudesse ser reconhecido dentro, integrado entre as inclinações do sujeito que padece.

Em outro contexto, do ponto de vista da Neurologia, esses são considerados pacientes que convulsionam, mas suas crises frequentes não encontram explicações elétricas que justifiquem a sintomatologia. Não podem, portanto, ser considerados pacientes epilépticos. Com a investigação médica por meio do exame do vídeo-EEG, a hipótese de epilepsia é descartada. Eles apresentam, pois, crises pseudoepilépticas, passando a ser conhecidos como pacientes pseudoepilépticos.

Esse diagnóstico encontrado quando da busca pelos serviços de Neurologia não dá ao paciente elementos para entender de que padece. O papel da Neurologia não poderia ser outro senão investigar o envolvimento neurológico de quaisquer manifestações. O diagnóstico que oferece, por conseguinte, fala apenas que não se trata de epilepsia.

Ao descobrirem o não envolvimento de alterações neurológicas no caso, os neurologistas precisam encaminhar a situação para onde o sofrimento do paciente tenha lugar para ser escutado. Mas nem sempre é claro o encaminhamento que deve ser feito em tais situações. Algumas vezes nem médico nem paciente têm orientação sobre o tratamento adequado após descartar-se a hipótese de epilepsia. Muitas vezes, não havendo evidências de alterações neurológicas, o paciente é informado de que nada tem.

No caso de Clara, apresentado no capítulo "A Gata Borralheira do século XXI", verificamos as consequências desse tipo de conduta médica para o paciente. Sentindo-se desautorizados em seu sofrimento, os pacientes que não recebem um encaminhamento e saem do hospital apenas com um diagnóstico negativo podem ter seu sofrimento maximizado. Sofrem com o preconceito de seus familiares e solicitam que alguém confirme que o que sentem é verdadeiro. Está aí o peso do "pseudo", que marca aqueles que recebem o diagnóstico de crise pseudoepiléptica ou pseudoepilepsia. De fato, seu sofrimento é verdadeiro, e, para ser positivado, é preciso que o paciente possa chegar a um tratamento psicanalítico.

Na pesquisa com esses pacientes, pudemos reencontrar uma manifestação reconhecida neurologicamente há mais de cem anos como histeroepilepsia. Hoje, sua nomenclatura sofreu uma pequena alteração, passando a ser conhecida como pseudoepilepsia. Essa modificação mínima, entretanto, foi o suficiente para que muitas vezes aquilo que fora estudado em relação à antiga histeroepilepsia fosse, então, esquecido. Toda uma nova ciência foi criada, na época, a partir da impressão causada pela observação desses pacientes na Salpêtrière. Sigmund Freud partiu dessas curiosas manifestações corporais para a formalização de um modo de trabalho que conseguisse acessar as articulações inconscientes envolvidas na produção sintomática. Essa ciência, portanto, constituiu-se como técnica para o tratamento de padecimentos como esses, mas, estranhamente, não é entendida como o encaminhamento natural para pacientes nessa situação.

É surpreendente perceber que este não reconhecimento da Psicanálise como o encaminhamento congruente para tais pacientes tenha, em parte, a contribuição da própria Psicanálise. Tal contribuição seria o fato de que a grande maioria dos psicanalistas não tenha conhecimento desses pacientes histéricos com manifestações convulsivas como ainda existentes e, portanto, não se apresente como opção de tratamento.

Este trabalho pretendeu reapresentar esses pacientes aos psicanalistas para que, quem sabe, os psicanalistas possam reapresentar-se a tais pacientes. Para tanto, foram utilizados casos aos quais se empreendeu escuta cautelosa na busca pela compreensão clínica.

Com o trabalho com os casos, fomos encontrando indícios clínicos que apontavam para o diagnóstico de histeria. Na escuta clínica, destacamos aspectos como a dificuldade em relação à feminilidade ou masculinidade em função dos modelos identificatórios disponíveis; os descaminhos em relação ao desejo, que apontam para uma relação paradoxal em relação ao prazer e ao desejo; as relações triangulares repetidas na vida; a rivalidade histérica; a busca por confirmar sua potência, ou a dificuldade de sustentá-la; a teatralidade; a equação entre falha e desvalor e o recurso ao corpo para a manifestação de um conflito psíquico.

Não há nada nessa manifestação corporal que garanta *a priori* tratar-se de um caso de histeria. Do ponto de vista psicanalítico, um sintoma é sempre sobredeterminado, e não define um tipo de organização subjetiva, podendo estar presente em diferentes patologias. Da mesma forma, uma mesma patologia pode apresentar-se por meio de diferentes sintomas, o que demonstra a cautela necessária para um estudo que aborde uma manifestação sintomática. Dentro da Psicanálise, por consequência, é prudente que um estudo deste tipo não proponha generalizações baseadas nesse elemento, mas se apoie na escuta. A escuta clínica empreendida nesta investigação mostrou que, na prática, grande parte dos pacientes com crises pseudoepilépticas podiam ser entendidos pela Psicanálise como pacientes histéricos.

Se há uma conclusão possível de ser anunciada neste livro, esta seria a de que a histeria é uma categoria psicanalítica ainda vigente na atualidade. Apesar de não ser possível afirmar que os casos de crises pseudoepilépticas sejam sempre de histeria (pois uma afirmação como esta não poderia jamais ser feita pela Psicanálise), o que podemos garantir é que, a partir do estudo de alguns pacientes com crises pseudoepilépticas, a histeria se mostrou o diagnóstico adequado para a grande maioria dos casos e, portanto, ainda vigente.

Por que será, então, que, muitas vezes, essa vigência da histeria é questionada? Quanto a essa questão, não haverá respostas conclusivas. Com o estudo, constatou-se que a histeria porta em si uma dinâmica que favorece o seu difícil reconhecimento. O recurso ao corpo e à doença já permite que confusões diagnósticas ocorram. Entretanto, é o jogo com a impotência colocada no outro para garantir a potência em si mesmo que pode ser um dos responsáveis pelos maus encontros entre a histeria e a Medicina, e, quem sabe, entre histeria e Psicanálise. Os médicos frustram-se com as hipóteses diagnósticas nunca confirmadas e com a sensação de impotência experimentada e, muitas vezes, consideram os pacientes como simuladores, ou concluem irritados que "não há nada" e enviam o paciente de volta à sua casa, sem informações acerca de seu padecer.

Há ainda o fator da sexualidade, que dificulta o contato com a histeria. Nas manifestações convulsivas histéricas está colocada a pulsionalidade e o conflito vivo entre o desejo e a censura, que, quando supostos em outra pessoa, podem remeter aos próprios impedimentos daquele que cuida. Quer dizer, o contato com o sexual recalcado posto em cena em uma crise pode tocar pontos recalcados do próprio espectador e causar rechaço. Foi o que Freud (1919/2003) trabalhou sobre o que a loucura e a epilepsia poderiam causar em seu espectador.

Na Psicanálise, o fator que talvez possa dificultar o reconhecimento da histeria em alguns espaços psicanalíticos seja a tendência de valorização das vivências primitivas em detrimento do Complexo de Édipo. Esse olhar pode dificultar o reconhecimento de categorias clínicas classicamente apoiadas no Complexo de Édipo e na castração e favorecer o abuso de diagnósticos como o de *borderline*. Este é um aspecto que merece pesquisas mais aprofundadas, que possam ser desenvolvidas por outros pesquisadores.

Em outro contexto da Psicanálise, outro fator que pode dificultar pode ser a cultura atual de valorização do novo. A histeria, como uma antiga conhecida da Psicanálise, ficaria, pois, à mercê do desinteresse ou das incertezas a respeito de sua existência. Como fruto do recalcamento e do conflito entre as inclinações sexuais e seus impedimentos, é alvo da suposição de que a sociedade atual não favorece o recalcamento nos moldes dos encontrados no século XIX, nem possibilita mais conflitos dessa índole. Não foi o que encontramos na pesquisa que baseou este livro, a qual mostrou que a sexualidade continua conflitante e que o recalcamento continua a operar e a gerar seus reflexos.

Vimos, por conseguinte, que após a morte dos pais que a consagraram, a histeria, assim como a Gata Borralheira, perdeu sua realeza no círculo psicanalítico e fica, muitas vezes, relegada às cinzas da cozinha. Isso não significa que ela tenha morrido, mas que está onde nossos olhos não estão olhando. Este trabalho buscou mostrar como a histeria pode ainda realizar uma boa parceria com a Psicanálise, se for convidada para o baile.

Ao invés de um fechamento com conclusões definitivas, este livro procurou ser uma abertura. Uma abertura para que seja renovado o interesse dos psicanalistas por aqueles padecimentos estranhos colocados no corpo e que não encontram explicações médicas. Uma abertura para que seja estimulada a curiosidade. Uma abertura para que a histeria seja reconhecida. Uma abertura, enfim, para que os estranhos caminhos do desejo, muitas vezes satisfeitos em formas tão particulares, como nas manifestações sintomáticas corporais, possam despertar interesse e curiosidade e que, com tudo isso, a Psicanálise possa ocupar-se desse enigma que a Medicina passa adiante e que possa com ele se surpreender.

REFERÊNCIAS BIBLIOGRÁFICAS

ABRAHAM, K. O primeiro estágio pré-genital da libido. In: _____. *Teoria psicanalítica da libido*: sobre o caráter e o desenvolvimento da libido. Rio de Janeiro: Imago, 1970. p. 51-80.

ALONSO, S.; FUKS, M. *Histeria*. São Paulo: Casa do Psicólogo, 2004.

AMERICAN PSYCHIATRIC ASSOCIATION. *Manual diagnóstico e estatístico de transtornos mentais*. Porto Alegre: Artmed, 2002.

BARRETO, S. *A Gata Borralheira*. São Paulo: Continental, 1960. 1 compacto simples.

BERLINCK, M. A histeria e o psicanalista. In: _____. (Org.). *Histeria*. São Paulo: Escuta, 1997. p. 29-47.

BOLLAS, C. *Hysteria*. São Paulo: Escuta, 2000.

BOSHES, L. D.; GIBBS, F. A. *Manual de epilepsia*. São Paulo: Manole, 1974.

BOWMAN, E.; MARKAND, O. The contribution of life events to pseudoseizure occurrence in adults. *Bulletin of the Menninger Clinic*, v. 63, n. 1, p. 70-88, 1999.

BREUER, J.; FREUD, S. Estudios sobre la histeria. In: _____. *Obras completas*. Buenos Aires: Amorrortu, 1895/2003. v. 2, p. 1-309.

CHARCOT, J. M. Histeria e neurastenia no homem. In: _____. *Grande Histeria*. Rio de Janeiro: Contra Capa, 1887/2003. p. 19-30.

_____. Grande histeria ou histeroepilepsia. In: _____. *Grande histeria*. Rio de Janeiro: Contra Capa, 1888/2003. p. 39-47.

COCKERELL, O. C.; SHORVON, S. D. *Epilepsia*: conceitos atuais. São Paulo: Lemos, 1997.

COMMISSION ON CLASSIFICATION AND TERMINOLOGY OF THE INTERNATIONAL LEAGUE AGAINST EPILEPSY. Proposal for revised classification of epilepsies and epileptic syndromes. *Epilepsia*, v. 30, p. 389-399, 1989.

DE LUCIA, M. C. et al. *Avaliação e intervenção psicanalítica de pacientes com diagnóstico prévio de pseudoepilepsia a partir da Teoria dos Campos*: proposta preliminar. Manuscrito inédito, 2003.

FREUD, S. Proyeto de psicología. In: _____. *Obras completas*. Buenos Aires: Amorrortu, 1950[1895]/2001. v. 1.

_____. Histeria. In: _____. *Obras completas*. Buenos Aires: Amorrortu, 1888/2003. v. 1, p. 41-63.

_____. Algunas consideraciones con miras a un estudio comparativo de las parálisis motrices orgánicas e histéricas. In: _____. *Obras completas*. Buenos Aires: Amorrortu, 1893/2003a. v. 1, p. 191-210.

_____. Charcot. In: _____. *Obras completas*. Buenos Aires: Amorrortu, 1893/2003b. v. 3, p. 7-24.

_____. Las neuropsicosis de defensa. In: _____. *Obras completas*. Buenos Aires: Amorrortu, 1894/2003a. v. 3, p. 41-61.

_____. Prólogo y notas de la traducción de J.-M. Charcot, Leçons du mardi de la Salpètrière (1887-88). In: _____. *Obras completas*. Buenos Aires: Amorrortu, 1894/2003b. v. 1, p. 163-177.

_____. Nuevas puntualizaciones sobre las neuropsicosis de defensa. In: _____. *Obras completas*. Buenos Aires: Amorrortu, 1896/2003. v. 3, p. 157-184.

_____. Carta 69 a Fliess. Fragmentos de la correspondencia con Fliess (1950 [1892-99]). In: _____. *Obras completas*. Buenos Aires: Amorrortu, 1897/2003a. v. 1, p. 301-302.

_____. Manuscrito N. Fragmentos de la correspondencia con Fliess. (1950 [1892-99]). In: _____. *Obras completas*. Buenos Aires: Amorrortu, 1897/2003b. v. 1, p. 296-299.

_____. La interpretación de los sueños. In: _____. *Obras completas*. Buenos Aires: Amorrortu, 1900/2003. v. 5, p. 345-668.

_____. Fragmento de análisis de un caso de histeria. In: _____. *Obras completas*. Buenos Aires: Amorrortu, 1905/2003a. v. 7, p. 1-107.

_____. Tres ensayos de teoria sexual. In: _____. *Obras completas*. Buenos Aires: Amorrortu, 1905/2003b. v. 7, p. 109-222.

_____. Las fantasias histéricas y su relación con la bissexualidad. In: _____. *Obras completas*. Buenos Aires: Amorrortu, 1908/2003a. v. 9, p. 137-147.

_____. La moral sexual "cultural" y la nervosidad moderna. In: _____. *Obras completas*. Buenos Aires: Amorrortu, 1908/2003b. v. 9, p. 159-181.

_____. Apreciaciones generales sobre el ataque histérico. In: _____. *Obras completas*. Buenos Aires: Amorrortu, 1909/2003. v. 9, p. 203-211.

_____. Sobre el psicoanálisis "silvestre". In: _____. *Obras completas*. Buenos Aires: Amorrortu, 1910/2003. v. 11, p. 217-227.

_____. Contribución a la historia del movimiento psicoanalítico. In: _____. *Obras completas*. Buenos Aires: Amorrortu, 1914/2003. v. 14, p. 1-64.

_____. Conferencias de introducción al psicoanálisis. In: _____. *Obras completas*. Buenos Aires: Amorrortu, 1917/2003. v. 16, p. 221-421.

_____. Lo ominoso. In: _____. *Obras completas*. Buenos Aires: Amorrortu, 1919/2003. v. 17, p. 215-251.

_____. Más allá del principio de prazer. In: _____. *Obras completas*. Buenos Aires: Amorrortu, 1920/2003. v. 18, p. 1-62.

_____. Psicología de las masas y análisis del yo. In: _____. *Obras completas*. Buenos Aires: Amorrortu, 1921/2003. v. 18, p. 63-136.

_____. Una neurosis demoníaca en el siglo XVII. In: _____. *Obras completas*. Buenos Aires: Amorrortu, 1923/2003a. v. 19, p. 67-106.

_____. La organización genital infantil (Una interpolación en la teoría de la sexualidad). In: _____. *Obras completas*. Buenos Aires: Amorrortu, 1923/2003b. v. 19, p. 141-149.

_____. El yo y el ello. In: _____. *Obras completas*. Buenos Aires: Amorrortu, 1923/2003c. v. 19, p. 1-66.

_____. El sepultamiento del complejo de Edipo. In: _____. *Obras completas*. Buenos Aires: Amorrortu, 1924/2003. v. 19, p. 177-187.

_____. Algunas consecuencias psíquicas de la diferencia anatómica entre los sexos. In: _____. *Obras completas*. Buenos Aires: Amorrortu, 1925/2003c. v. 19, p. 259-276.

_____. Presentación autobiográfica. In: _____. *Obras completas*. Buenos Aires: Amorrortu, 1925/2003b. v. 19, p. 1-70.

_____. Dostoievski y el parricidio. In: _____. *Obras completas*. Buenos Aires: Amorrortu, 1928/2003. v. 19, p. 171-191.

_____. Sobre la sexualidad femenina. In: _____. *Obras completas*. Buenos Aires: Amorrortu, 1931/2003. v. 19, p. 223-244.

_____. Bosquejos de la "Comunicación" preliminar de 1893. In: _____. *Obras completas*. Buenos Aires: Amorrortu, 1941/2003. v. 19, p. 179-190.

GOLDGRUB, F. *Trauma, amor e fantasia*. São Paulo: Escuta, 1988.

GREEN, A. Has sexuality anything to do with psychoanalysis? *International Journal of Psychoanalysis*, Londres, v. 76, p. 871-883, 1995.

ISRAEL, L. *A histérica, o sexo e o médico*. São Paulo: Escuta, 1995.

KRISTEVA, J. *Estrangeiros para nós mesmos*. Rio de Janeiro: Rocco, 1994.

LAPLANCHE, J. Panel on 'hysteria today'. *International Journal os Psychoanalysis*, Londres v. 55, p. 459-469, 1974.

MACEDO, M.; FALCÃO, C. A escuta na psicanálise e a psicanálise da escuta. In: MACEDO, M.; CARRASCO, L. (Orgs.). *(Con)textos de entrevista*: olhares diversos sobre a interação humana. São Paulo: Casa do Psicólogo, 2005. p. 49-62.

MANNONI, O. *Freud*: uma biografia ilustrada. Rio de Janeiro: Jorge Zahar, 1994.

MATOS, E. G. de; MATOS, T. G. de; MATOS, G. G. de. Histeria: uma revisão crítica e histórica do seu conceito. *Jornal Brasileiro de Psiquiatria*, v. 54, n. 1, p. 49-56, 2005. Disponível em: <www.ipub.ufrj.br/documentos/artigohisteria1_05.pdf>. Acesso em: 1 mar. 2009.

MAYER, H. *Histeria*. Porto Alegre: Artes Médicas, 1989.

MEZAN, R. *Freud, pensador da cultura*. São Paulo: Brasiliense, 1985.

MIGUELEZ, N. *Complexo de Édipo*. São Paulo: Casa do Psicólogo, 2007.

MYERS, L.; ZAROFF, C. The successful treatment of psychogenic nonepileptic seizure using a disorder-specific treatment modality. *Brief Treatment and Crisis Intervention*, v. 4, n. 4, p. 343-352, 2004.

NASIO, J.-D. *A histeria*: teoria e clínica psicanalítica. Trad. Vera Ribeiro. Rio de Janeiro: Jorge Zahar, 1991.

QUINET, A. Apresentação. In: CHARCOT, J. M. *Grande histeria*. Rio de Janeiro: Contra Capa, 2003.

REIS FILHO, E. A depressão na atualidade. *Revista Boletim*, São Paulo, v. XIII, n. 1, p 25-35, jan./dez. 2005.

ROUDINESCO, E. *A história da Psicanálise na França*: a batalha dos cem anos. Rio de Janeiro: Jorge Zahar, 1989. v. I: 1885-1939.

ROWAN, A. J. An introduction to current practice in the diagnosis of non-epileptic seizures. In: _____.; GATES, J. R. (Orgs.). *Non-epileptic seizures*. Stoneham: Butterworth- Heinemann, 1993. p. 1-7.

ROY, A.; BARRIS, M. Psychiatric concepts in psychogenic non-epileptic seizures. In: ROWAN, A. J.; GATES, J. R. (Orgs.). *Non-epileptic seizures*. Stoneham: Butterworth- Heinemann, 1993. p. 143-151.

SANVITO, W. L. Prefácio. In: BOSHES, L. D.; GIBBS, F. A. *Manual de epilepsia*. São Paulo: Manole, 1974.

STELLA, F.; PEREIRA, M. E. C. Semiologia e características clínicas das crises pseudoepilépticas. *Revista Latinoamericana de Psicopatologia Fundamental*, São Paulo, ano VI, n. 1, p. 109-129, mar. 2003.

TOPCZEWSKI, A. *Convulsões na infância e adolescência*: como lidar? São Paulo: Casa do Psicólogo, 2003.

TRILLAT, E. *História da histeria*. São Paulo: Escuta, 1991.

VEJA. A vida sem muito sexo. *Veja*, São Paulo, ano 41, n. 11, mar. 2008. Disponível em: <http://veja.abril.com.br/190308/p_086.shtml>. Acesso em: 20 abr. 2008.

VOLICH, R. *Psicossomática: de Hipócrates à psicanálise*. São Paulo: Casa do Psicólogo, 2000.

YACUBIAN, E. M. T. Proposta de classificação das crises e síndromes epilépticas. Correlação vídeoeletrencefalográfica. *Revista de Neurociências*, v. 10, p. 49-65, 2002.